Pia Herzog

Raus aus der Gewalt
Das machst du nie wieder mit mir!

Pia Herzog

Raus aus der Gewalt

Das machst du nie wieder mit mir!

Rediroma-Verlag

Bibliografische Information der Deutschen Nationalbibliothek:
Die Deutsche Nationalbibliothek verzeichnet diese Publikation in der Deutschen Nationalbibliografie; detaillierte bibliografische Daten sind im Internet über http://portal.dnb.de abrufbar.

ISBN 978-3-98527-257-0

www.rediroma-verlag.de
7,95 Euro (D)

INHALT

Danksagung

An dieser Stelle möchte ich allen Menschen danken, die mir in meinem Leben begegnet sind und die es mir ermöglicht haben, so viel Fantasie zu entwickeln. Besonderer Dank gilt meinen Freunden und meiner Familie, die mich ermutigt haben, ein weiteres Buch zu schreiben. Danke für die anregenden Gespräche und Diskussionen, die entstanden sind. Danke für die Zeit! Danke, dass es euch gibt!

Danke an Herrn Daniel Bieter vom Verlag und an den Lektor, ohne den das Buch nicht fehlerfrei wäre.

1
The same procedure …

„Ich bin wieder zuhause, meine Prinzessin. Wo bist du?“, rief Tom.

„In der Küche, Schatz. Das Essen ist gleich fertig!“

Tom legte seine Aktentasche auf die Flurablage und sein Handy daneben. Er gab mir einen kurzen Kuss auf die Wange. „Was gibt es denn Schönes zu essen?“

„Rinderbraten mit Bohnen, dein Lieblingsessen“, antwortete ich.

Tom nahm schon mal im Esszimmer am Tisch Platz, während ich das Essen liebevoll auf dem Teller anrichtete.

„Wie war dein Tag?“, fragte ich.

„Der Vollpfosten von Brackenhammer mein Chef, meinte, mir meinen Job erklären zu müssen. Dabei bin ich der umsatzstärkste Versicherungsagent bei uns in der Versicherungsagentur. Irgendwann sage ich ihm mal richtig die Meinung, dem blasierten Schnösel.“

Tom begann zu essen und verzog das Gesicht. „Na, Prinzessin, in wen bist du denn verliebt, dass du so viel Salz ins Essen gibst?“

„Oh, das wollte ich nicht, das war ein Versehen. Bitte entschuldige, Tom!“

„Prinzessin letzte Woche war das Essen doch auch schon ungenießbar! Wie oft soll ich das denn noch entschuldigen?“, fragte Tom und schob angewidert seinen Teller zur Seite. „Du kannst meine Portion noch gleich mit essen. Damit du dir das endlich mal merkst, weniger Salz zu nehmen. Ich hatte einen schweren Tag und du bist einfach zu blöd zum Kochen!“

Ich versuchte, ruhig zu bleiben und Tom nicht zu reizen. Zu spät, Tom sprang von seinem Platz auf, packte mich an den Haaren und drückte mein Gesicht auf den Teller. Die Bratensoße brannte in meinem Gesicht. Er hob den Kopf durch ziehen an meinen Haaren wieder hinaus und versuchte erneut mein Gesicht auf den Teller zu drücken. Ich versuchte mich mit meinen Armen zu wehren. Da zog Tom mich plötzlich von meinem Stuhl hoch und verpasste mir einen Hieb in den Magen. Ich stöhnte auf, aber nur ein bisschen, weil ich schon wusste, stöhnte ich zu laut und intensiv, heizte das Tom nur an. Ich musste husten, weil ich beim Schlag in den Magen noch ein Stück Fleisch in meinem Mund hatte. Daraufhin boxte Tom mit beiden Händen auf meinem Rücken ein.

Ich winselte: „Bitte, bitte, Tom hör doch auf! Bitte! Ich gebe mir Mühe, dass das nicht mehr passiert.“

„Wie oft denn noch, du dusselige Kuh?“, fragte

Tom.

„Tom, ich verspreche dir, ich mach es wieder gut, jammerte ich.“

„Ja, jetzt sofort!“ Tom zog seinen Gürtel aus seiner Hose und befahl mir, mich vor ihm hinzuknien und ihn zu befriedigen.

The same procedure …

Am nächsten Morgen stand ich vor unserem Schlafzimmerspiegel und betrachtete mich. Ich war dünn geworden. Bei einer Größe von 1,70 Metern wog ich nur noch 54 Kg. Mein Rücken war voller blauer Flecke. Tom schlug grundsätzlich nur dorthin, wo andere es nicht sofort sehen konnten. Gesicht und Arme versuchte er zu vermeiden. Oft waren die seelischen Schmerzen viel stärker als die körperlichen. Wobei, wer sollte mich schon sehen? Tom verbot mir jeglichen Kontakt. Freunde hatte ich schon lange nicht mehr. Er wollte mich nicht teilen. Meine Mutter war vor fünf Jahren an einem Herzinfarkt verstorben. Sie hatte Tom nicht kennengelernt. Geschwister hatte ich nicht und wer mein Vater war? Unbekannt. Arbeitskollegen hatte ich auch nicht mehr. Wir hatten vor vier Jahren geheiratet und ich musste meinen Job als Bankkauffrau sofort aufgeben, weil wir unbedingt Kinder wollten. Aber ich wurde und wurde nicht schwanger. Auch darüber ließ Tom oft seine Wut an mir aus. Manchmal denke ich, es ist gut so, dass wir kinderlos geblieben sind.

Das Gute an dem gestrigen Abend war, ich wusste, nun habe ich mindestens zehn Tage Ruhe vor meinem Mann. Jetzt beginnt die Phase, wo er mir Blumen mitbringt, mir sagt, wie sehr er mich liebt, dass ich seine Traumfrau bin. Er ohne mich nicht leben kann.

Die Erinnerung an unser Kennenlernen kam hoch. Tom kam vor fünf Jahren am dritten August in unsere Filiale, weil seine EC-Karte nicht mehr funktionierte. Er lachte mich an mit seinen strahlend weißen Zähnen und war überhaupt nicht schlecht drauf wegen der EC-Karte. Ganz im Gegenteil, er war gut gelaunt. Tom hatte dunkelblaue Jeans an und trug dazu ein körperbetontes weißes Hemd, sein Gürtel sowie seine Schuhe waren aus einem hellbraunen Leder. Tom war 188 cm groß und schlank und hatte kurze schwarze Haare, ein Mann, nach dem sich die Frauen umdrehen.

Nachdem ich Tom eine neue EC-Karte bestellt hatte, lud er mich für den Abend zum Essen ein. In einem bestimmenden Ton sagte er: „Ich stehe um 18 Uhr 30 hier vor der Bank, eine Absage lasse ich auf keinen Fall gelten.“

Ich fühlte mich geschmeichelt, dass so ein gutaussehender Mann mich zum Essen einlud. Tom stand pünktlich vor der Tür und wir gingen zu einem Nobel-Italiener in unserer Stadt. Champagner vor dem Essen, guter Wein und auch mein Essen bestellte Tom wie selbstverständlich. Mich irritierte schon, dass er gar nicht fragte, was ich essen mochte. Seine Begründung war einfach, er kenne den Italiener seit Jahren und wisse, was besonders gut schmeckt. Tom hatte Recht, das Essen war fantastisch.

Danach gingen wir noch zum Tanzen in den Club. Als er beim Tanzen den Arm um mich legte und sich gefühlvoll im Rhythmus zum Blues bewegte, spürte ich ein leichtes Kribbeln in meinem Körpcr. Kurz nach Mitternacht brachte Tom mich mit seinem BMW Cabrio nach Hause. Er begleitete mich bis vor die Wohnungstür. Er verabschiedete sich mit einem zarten Kuss und den Worten, „ich hole dich morgen um die gleiche Uhrzeit von der Bank ab. Hier ist meine Visitenkarte für den Notfall und nur für den Notfall“.

Ich musste gestehen er faszinierte mich und schreckte mich mit seiner arroganten Art auch gleichzeitig ab.

Nachdem wir ein Jahr zusammen waren, machte Tom mir dann den Heiratsantrag am Frühstückstisch, er ging vor mir auf die Knie und hielt um meine Hand an. Im ersten Ehejahr rutschte ihm schon die Hand aus, weil ich zu lange einen Schuhverkäufer angesehen hatte, danach wurden die Abstände kürzer und die Schläge härter.

Ein kurzes Frösteln holte mich aus den Erinnerungen zurück. Ich zog mir eine blaue Jeans und ein weißes T-Shirt an. Meine schulterlangen, blonden Haare band ich mir zu einem Zopf. Der Rücken schmerzte und ich nahm, bevor ich mit der Hausarbeit begann, noch schnell eine IBU gegen meine Schmerzen. Wir hatten ein schönes, altes, rotes Backsteinhaus mit einem großen Erker mit bodentiefen Fenstern mit einem parkähnlichen, englischen Garten, Pool und Sauna. Es wurde nach unseren Wünschen umgebaut. Wenn ich nicht immer meinen Mann gereizt hätte, dass er zuschlug, hätte ich ein schönes Leben gehabt. Ich hatte wenn ich nachts vor Schmerzen nicht schlafen konnte, schon mal darüber nachgedacht, Tom zu verlassen. Nur wo sollte ich hin? Ich hatte kein eigenes Geld, keinen Job. Als Bankkauffrau brauchte ich mich auch nicht mehr zu bewerben, von der heutigen Technik hatte ich keine Ahnung. Tom hatte einmal gedroht mit den Worten: „Wenn du versuchst, mich zu verlassen, werde ich dich auf der ganzen Welt suchen und finden, dann gnade dir Gott. Mich verlässt man nicht. Wenn ich dich nicht mehr will, werde ich es dir schon rechtzeitig mitteilen und dich verlassen.“

Nachdem ich aufgeräumt hatte, beschloss ich, mit meinem Auto, einem nagelneuen, schicken dunkelgrünem M1 Coupé BMW, ein Wiedergutmachungsgeschenk für die letzte Prügelattacke, zum E-Center zum Einzukaufen zu fahren.

Es war heute nicht viel los im E-Center. So war ich bereits nach 20 Minuten mit meinen Einkäufen wieder draußen. Heute war der 15. Mai und wir hatten jetzt um die Mittagzeit ca. 21 Grad bei strahlend blauem Himmel. Aus diesem Grund beschloss ich mir zwei Kugeln Eis beim Italiener im Becher zu kaufen. Ich nahm meinen Becher und setzte mich auf eine Bank im Stadtpark. Ich sah den Kindern auf ihrem Rollern zu. Ich sah verliebte Menschen im Park spazieren gehen. Ein älteres Paar, was sich immer noch liebevoll an den Händen hielt. Das erste Grün an den Bäumen und Sträuchern war zu sehen. Es war ein herrlicher Maitag und alles hätte so schön sein können. Meine innere Stimme sprach zu mir: Sandra, wie lange willst du das noch mit dir machen lassen? Alles ist besser als sich regelmäßig verprügeln zu lassen? Einsamer als du kann man alleine auch nicht sein. Irgendwann schlägt dich dein eigener Mann tot!

Um meine innere Stimme zu unterbrechen, stand ich auf und warf den Eisbecher in den Abfalleimer, der neben der Bank stand. Ich war schon zwei Schritte weg, als ich realisierte, dass unter meinem Eisbecher etwas lag, eine grüne Tasche. Solch eine Tasche kannte ich doch. Ich ging die zwei Schritte zum Abfalleimer zurück, nahm meinen Eisbecher wieder in die Hand, zog die grüne Tasche heraus und den Eisbecher warf ich wieder in den Abfalleimer. So eine grüne Belegtasche benutzte die Bank, um Belege zu transportieren. Wir benutzten damals auch solche Belegtaschen für Ein- und Auszahlungsbelege an der Kasse, wenn eine Differenz entstanden war, um die Belege an eine interne Abteilung zu verschicken und prüfen zu lassen. Die Belegtasche war prall und schwer. Warum ich nicht sofort nachschaute, was in der Tasche war, wusste ich selber nicht.

Erst als ich in meinem Auto saß, öffnete ich die Belegtasche und zog einen 100-Euro-Schein heraus. Meine Hand zitterte. In der Tasche waren ausschließlich 100-Euro-Scheine. Wie viel Geld war das wohl? Wer steckte es einfach in den Abfalleimer? Warum?

Ich fuhr nach Hause und wünschte mir, dass es Schicksal war und ich das Geld finden sollte!

2
Das machst du nie wieder mit mir!

Zuhause angekommen zählte ich mit Herzklopfen das Geld. Es waren sage und schreibe 500.000 Euro, alles in 100-Euro-Scheinen. Waren es markierte Scheine? Nein, dann wären die Scheine schon beim Öffnen der Belegtasche unbrauchbar geworden. Aber könnten die Scheine registriert sein? Was sollte ich damit machen? Erst einmal versteckte ich die Tasche mit dem Geld sicher im Gartenhaus. Tom hatte noch nie das Gartenhaus betreten. Dort war das Geld sicher.

Ich beschloss, erst einmal das Geld zu behalten und einfach abzuwarten, was passieren würde. Da Tom in der Wiedergutmachungsphase war, hatte ich nichts zu befürchten.

Gleich nach dem Essen zog ich mich in unser Schlafzimmer zurück, mit der Ausrede, ich hätte starke Schmerzen. Im Schlafzimmer stellte ich den Fernseher an und schaute konzentriert die Nachrichten. Es gab keine einzige Meldung, die mich interessierte oder vermuten ließ, dass es um das von mir gefundene Geld ging. Ich überlegte kurz, ob ich doch lieber das Geld bei der Polizei abgeben sollte. Denn Finderlohn würde mir ja auf jeden Fall zustehen. Mir war aber bewusst, damit würde ich kein neues Leben anfangen können. Ich sah das gefundene Geld wirklich als Schicksal an und beschloss, damit ein neues Leben anzufangen.

Ich verfolgte in den folgenden vierzehn Tagen jede Nachrichtensendung, ich las unsere Lokalzeitung, nirgends tauchte ein Wort über das Geld im Abfalleimer auf. Ich wägte mich schon in Sicherheit, als eine kleine Anzeige in unserer Lokalzeitung meine Aufmerksamkeit erweckte.

Rubrik/ Verloren:
Grüne Plastiktasche mit Zipp-Reißverschluss verloren am 15 Mai im Stadtpark. Finderlohn wird gezahlt! Tel.+49152371899466

Ich las die Anzeige immer und immer wieder. Da stand nichts von Polizei, nichts von dem Abfalleimer. Ich hatte ein schlechtes Gewissen, aber der Entschluss, dass dieses Geld mein Neuanfang sein sollte, war stärker.

Weitere vier Wochen zogen ins Land und ich bereitete sorgfältig meine Flucht vor. Da Toms Wiedergutmachungsphase auch vergangen war, hatte er mich wieder verprügelt. Ich war meinen Pflichten als Hausfrau nicht nachgekommen. Er war gerade dabei, sich im Schlafzimmer auszuziehen, als ihm eine Socke herunterfiel. Tom bückte sich und fand Wollmäuse unter dem Bett! Er hob sie auf und drückte sie mir ins Gesicht. „Was machst du den ganzen Tag? Ist es zu viel verlangt, dass du aufräumst und alles in Ordnung hältst, was ich bezahle?“

Ich konnte mich gar nicht so schnell ducken, da krachte seine Faust auch wieder und wieder auf meinem Rücken. Ich biss die Zähne zusammen! Er schlug wie von Sinnen auf mich ein. Ich lag zusammengekrümmt auf dem Boden, da zog er mich aufs Bett, drehte mich auf den Bauch und vergewaltigte mich. Neu war, dass er mich dabei mit den übelsten Worten beschimpfte.

The same procedure ….

Dieses Mal ertrug ich die Schmerzen viel besser, weil ich wusste, es war das letzte Mal. Am 17. Juli begann mein neues Leben.

Am Abend des 17. Juli schloss Tom wie immer die Haustür auf und legte seine Aktentasche und sein Handy auf der Flurablage ab. Er ging schlecht gelaunt in die Küche. Kein Topf stand auf dem Herd, es roch auch nicht nach Essen, der Esstisch war nicht gedeckt. Er rief nach Sandra. Keine Antwort. Tom sah im Schlafzimmer nach. Die Betten waren wie jeden Tag sorgfältig gemacht. Er öffnete den Kleiderschrank. Alle Kleidungsstücke hingen nach Farben sortiert im Schrank. Im Badezimmer war alles an seinem Platz, selbst die Zahnbürste steckte im Zahnputzbecher. Make-up,

Wimperntusche, einfach alles lag an seinem Platz. Mehrfach rief Tom nach Sandra. Keine Antwort! Er hatte jedes Zimmer inspiziert, alles war wie immer! Nur Sandra war nicht da. Sollte Sandra Ihn verlassen haben? Er schaute in den Dokumentenordner, alle Papiere lagen dort noch drin. Geburtsurkunde, Heiratsurkunde, es fehlte nichts. Selbst die Familienfotoalben von Sandras Mutter waren an ihrem Platz. Zum Schluss ging Tom in die Garage. Sandras Auto war nicht da! Wo zum Teufel war sie? „Na warte, du kannst was erleben, wenn du nach Hause kommst“, sprach er laut und voller Wut.

Tom bestellte sich Pizza beim Italiener diesen Abend und öffnete seinen besten Rotwein, den er im Weinschrank hatte. Kochen hatte er nie gelernt. Wozu auch, wenn man genug Geld verdient und sich alles leisten kann?

Als Tom am nächsten Morgen aufwachte, stellte er fest, dass Sandra immer noch nicht nach Hause gekommen war und er einen dicken Kopf hatte von der Flasche Rotwein, die er komplett ausgetrunken hatte. Verdammt, wo war Sandra?

An diesem Morgen meldete sich Tom bei seinem Arbeitgeber krank. Er schnappte sich sein Handy, suchte alle Telefonnummern von den umliegenden Krankenhäusern heraus und rief in jedem Krankenhaus an. Er bekam jedes Mal zu hören, dass eine Sandra Kniep nicht eingeliefert worden war. Nach seinen erfolglosen Anrufen fuhr Tom zum nächsten Polizeirevier. Dort hörte sich der Polizeibeamte erst einmal ganz in Ruhe seine Geschichte an, um Tom dann mitzuteilen, dass eine Vermisstenanzeige nicht aufgenommen wird, weil jeder Mensch das Recht hat, sich dort aufzuhalten wo er möchte. Da es im Haus keine Hinweise auf ein Verbrechen gab, kein Abschiedsbrief gefunden wurde und das Auto von Sandra auf ihren Namen lief, ging Tom unverrichteter Dinge wieder nach Hause. Seine Laune wurde immer schlechter.

3
Auf der Flucht in ein neues Leben

Ich fuhr zu dem Autohändler nach Hannover. den ich mir im Internet rausgesucht hatte. Er befand sich etwas außerhalb der Innenstadt, in dem Stadtteil Nordstadt. Vor einer Woche hatte ich schon einen Termin mit Herrn Reichelt für heute ausgemacht. Herr Reichelt war ein sehr sympathischer Mann. Er veranlasste, dass mein BMW in der Werkstadt geprüft wurde, um den Kaufpreis zu ermitteln. Da mein Wagen unfallfrei und nur wenige Kilometer gelaufen war, konnte ich einen guten Preis erzielen. Herr Reichelt wunderte sich, dass ich eine Barzahlung bevorzugte, aber ich hatte ihm bereits bei unseren ersten Telefonat erzählt, dass ich Deutschland verlassen würde, um auf Mallorca ein neues Leben anzufangen und dass ich direkt nach dem Autoverkauf von Hannover Langenhagen mit Eurowings nach Palma fliege wollte. So gab er mir die 57.500 Euro in Bar und in 50-Euro-Scheinen. Er überreichte mir einen großen brauen Briefumschlag und wünschte mir viel Glück auf Mallorca. Natürlich hatte ich nicht vor, nach Mallorca zu fliegen und dort ein neues Leben anzufangen! Ich fuhr direkt nach dem Verkauf von meinem BMW mit der U-Bahn zum nächsten Autohändler und holte den bereits, umgebauten VW-Bulli zum Camper in blau ab.

Bezahlt habe ich den VW-Bulli von den 57.500 Euro. Das Autohaus hatte den Bulli bereits auf meinen Namen zugelassen und die Kennzeichen angebracht. Hier hatte man sich über die Barzahlung nicht gewundert und es ging alles reibungslos von statten.

Die letzte Nacht verbrachte ich in einem Hotel am Hauptbahnhof. Hier gab es keine Rezeption, sondern man buchte online und bekam einen Code zum Öffnen der Tür. Hier schnitt ich mir dann auch selbst die Haare. Ich trug nun meine Haare halblang als Bob mit Pony und einer Brille ohne Stärke, also quasi Fensterglas. Ich hatte mir in der Vorbereitungszeit in einem Second-Hand-Laden in Hannover Linden bereits neue Garderobe und Schuhe gekauft. Bezahlt hatte ich alles in Bar. Da bis jetzt keine Polizei bei mir aufgetaucht war, konnten die paar 100-Euro-Scheine die ich entnommen hatte, auch nicht registriert worden sein. Schmuck hatte ich keinen um. Den hatte ich im Haus bei Tom gelassen. Nur eine kurze Halskette die meine Mutter immer getragen hatte, hatte ich mitgenommen. Ein kleines goldenes Herz. Ich brachte es nicht fertig, dieses Erinnerungsstück bei Tom zu lassen.

Es war so ein unsagbar schönes Gefühl, im Bulli zu sitzen mit der Gewissheit, nichts und niemand wird mich aufhalten.

Tom überlegte, zu wem Sandra wohl gehen könnte, Ihm fiel nur eine ehemalige Arbeitskollegin ein. Da er keine Telefonnummer von Maren hatte, ging er direkt in die Filiale, wo auch Sandra mal gearbeitet hatte. Das müsste sie sein, wenn er sich richtig erinnerte, groß, schlank, blonde, schulterlange Haare, ein schönes freundliches Gesicht.

„Guten Tag, was kann ich für Sie tun? Hey, bist du nicht Tom Kniep, Sandras Mann?"

„Ja, genau der bin ich."

„Wie geht es denn Sandra, ich habe die ja seit ewigen Zeiten nicht mehr gesehen. Warte, lass mich mal überlegen, das ist bestimmt schon über vier Jahre her?"

„Um ehrlich zu sein, Maren, ich wollte dich gerade fragen, ob du Sandra in letzter Zeit gesehen hast?"

„Nein, Tom, dass tut mir leid, aber Sandra war ja nach eurer Hochzeit zum Einzelgänger geworden. Warum fragst du mich das überhaupt?"

„Maren, Sandra hat mich von heute auf morgen verlassen oder ihr ist etwas zugestoßen. Keine Ahnung, wo sie ist, und die Polizei will sie auch nicht suchen. Ich bin echt verzweifelt! Maren, darf ich dir meine Telefonnummer geben, sodass du mich anrufen kannst, falls Sandra sich bei dir melden sollte?"

„Ja, klar, Tom, das ist gar kein Problem, das mache ich gerne."

Tom verließ die Filiale. Maren ging zu ihrem Schreitisch und griff zum Telefon. „Hallo Sandra, wo bist du?"

„Ich bin schon mit dem Bulli unterwegs. Es hat alles reibungslos geklappt."

„Sandra, er war gerade hier! Du hattest Recht! Tom sah echt schlecht aus. Aber er ist ein guter Schauspieler, daran kann ich mich noch gut erinnern. Ich muss erst einmal weiter arbeiten. Wir hören voneinander!"

„Ach Maren ich merke jetzt erst, wie sehr du mir all die Jahre gefehlt hast. Es bedeutet mir echt viel, dass wir uns wiedergetroffen haben. Danke auch für deine Hilfe mit der Einrichtung vom Girokonto. Es fühlt sich so gut an, ein eigenes Konto zu besitzen."

„Geht mir genauso Sandra. Bis bald"

Ich fuhr auf der A2 Richtung Hamburg. Im Radio spielten sie gerade mein Lieblingslied von The Weeknd, „Save your Tears". Ja, meine Tränen würde ich mir für einen anderen Mann aufheben. Um Tom zu trauern, lohnte sich wirklich nicht.

Ich fuhr mit meinem Bulli dann weiter auf die A24 nach Mölln. Warum, wusste ich selbst nicht. Ich war noch nie dort gewesen, wusste aber um die Geschichte mit Till Eulenspiegel. Ich traute mich dann aber doch nicht, auf einen Campingplatz zu fahren. Also fragte ich auf dem Weg nach Mölln bei einem Bauernhof, ob ich für eine Nacht auf dem Hof übernachten könnte. Der Bauer hieß Feddersen und sagte sofort zu. So schlief ich die erste Nacht in meinem Bulli und aß in einem nahe gelegenem Gasthof. Auch hier waren alle sehr freundlich zu mir. Ich fiel als Neuling im Ort natürlich auf, aber das war mir egal.

Am nächsten Morgen verabschiedete ich mich wieder von dem Bauern Feddersen und fragte, ob er jemanden wüsste der einen Job zu vergeben hätte? Herr Feddersen überlegte kurz und sagt: „Ja, mein Dirn, die Gärtnerei Asmus sucht eine Gärtnerin. Hast denn Ahnung von Blumen."

„Ich habe früher einen großen Garten gehabt. Ich werde es bei der Gärtnerei probieren. Danke für den guten Tipp!"

Ich hielt bei der Gärtnerei an und fragte nach Herrn Asmus. Herr Asmus war ca. 65 Jahre alt, trug eine grüne Latzhose und ein dreckiges, kariertes Hemd. Er war unrasiert, aber seine Augen erhellten sich, als ich ihn fragte, ob ich den Job haben könnte."

„Ich kann aber nicht viel zahlen!"

„Wenn ich kostenlos auf dem Grundstück hinter dem Haus in meinem Bulli schlafen kann, bin ich mit einem geringen Lohn zufrieden."

Wir reichten uns die Hände, wie das auf dem Dorf, wo die Zeit noch stehen geblieben ist, üblich ist, und besiegelten damit praktisch einen Arbeitsvertrag. Den Lohn zahlte Herr Asmus wöchentlich in bar aus. „Herr Asmus ich heiße Michaela."

„Ok, Michaela, dann bis morgen um 8 Uhr."

Mein zweiter Vorname lautet Michaela Kniep geborene Feil. Ich hatte vorher beim Standesamt eine Umschreibung des Namens in Michaela beantragt. Damals wurde der Rufname Sandra nicht unterstrichen deshalb durfte ich die Reihenfolge ändern. Den Ausweis hatte ich einen Tag vor meinem Aufbruch beim Standesamt abgeholt. Offiziell hieß ich nun Michaela Sandra Kniep, geborene Feil. Sollte Tom mich suchen, hoffte ich, dass er mich durch die Namensänderung nicht so schnell finden würde. Mein altes Handy zerstörte ich und kaufte mir ein günstiges ohne Vertrag, nur mit einer Prepaid-Karte. Die Telefonnummer kannte nur Maren. Sie hatte mir auch ein eigenes Konto eingerichtet. Ich konnte ja nicht mit über 557.000 Euro durch die Gegend fahren. Als Maren gefragt hatte, woher das Bargeld stammt, erzählte ich ihr, ich hätte das Geld aus Toms Tresor entwendet. Den Bulli hatte ich auf meinen Neuen Namen angemeldet und über eine Internet-Versicherung versichert.

4
Mein erster Job als Michaela

Das Vogelgezwitscher weckte mich um 5 Uhr 30. Aber das störte mich nicht. Ich stand auf, suchte meine Laufkleidung zusammen und beschloss, eine Runde zu laufen. So lernte ich auch gleich die Gegend kennen und entdeckte zufällig einen kleinen See. Ich konnte einfach nicht widerstehen, ich zog mich aus und schwamm eine kleine Runde im See. Das Wasser war sehr kalt aber es macht mich hellwach. Mein Rücken schmerzte immer noch und schillerte in allen Farben.

Ich frühstückte in meinem Bulli. Ich aß eh nicht viel. Danach trat ich meine Stelle als Gärtnerin an. Der Job war einfach für mich, Blumen umtopfen, gießen, das verblühte abknipsen usw. Am Ende des Tages war ich ein froher ausgeglichener Mensch.

Tom erwachte wieder mit einem Kater, er hatte sich am letzten Abend wieder eine Pizza bestellt und eine Flasche Rotwein getrunken. Auch heute war er nicht in der Lage, zur Arbeit zu gehen. Erneut meldete er sich in der Versicherungsagentur nur diesmal beantragte er vierzehn Tage Urlaub. Herr Brackenhammer, sein Chef, mochte kurzfristige Urlaube nicht, genehmigte Tom aber den

Urlaub. Tom wusste eigentlich nicht so richtig, was er mit dem Urlaub anfangen sollte. Wo sollte er Sandra suchen? Er konnte schlecht durch die Gegend fahren und hoffen, dass sie ihm über den Weg laufen würde. Dann kam er auf die Idee einen Privatdetektiv zu engagieren. Tom entschied sich für den Privatdetektiv Lenz.

Herr Lenz klingelte schon zwei Stunden später bei Tom an der Tür. Nach der Begrüßung kam Herr Lenz gleich auf den Punkt. 800 Euro pro Tag inklusive aller Spesen, egal, ob seine Recherche Erfolg hatte oder nicht. Sie vereinbarten erst einmal 14 Tage. Gezahlt wurde im Voraus also 11.200 Euro. Tom schluckte und bekam schon wieder Wut auf Sandra, denn nur ihretwegen musste er so viel Geld aus dem Fenster schmeißen. Herr Lenz bat um Dokumente wie Pässe, Geburtsurkunde, Heiratsurkunde, Bilder von Sandra usw. Tom holte die Dokumente aus dem Schrank und überreichte sie an Herrn Lenz. Dieser sah sich die Heiratsurkunde an und fragte: „Haben Sie die Urkunde auch im Original?“

„Wieso? Ist das kein Original?“

„Nein, auch bei den anderen Dokumenten handelt es sich um nicht beglaubigte Kopien.“

Tom wurde blass. „Dann hat Sandra ihre Flucht vorbereitet, alle Originale mitgenommen und die Kopien in den Ordner gelegt?“

„Sieht so aus“, antwortete Herr Lenz. „Kann ich bitte den Kleiderschrank von Ihrer Frau sehen?“

Tom ging mit Herrn Lenz ins Schlafzimmer.

„Fehlt ein Kleidungsstück?“

„Weiß ich doch nicht, bei diesen vielen Klamotten.“ Tom wurde sauer.

Herr Lenz sah sich dann noch im Badezimmer um, sagte aber nichts mehr. „Besitzt Ihre Frau ein Auto? Kennzeichen, Marke Fahrzeugschein und Brief bitte und den Versicherungsschein!“

Warum bin ich darauf nicht selbst gekommen? fragte sich Tom. „Der Brief und der Versicherungsschein sind weg, den Fahrzeugschein hatte Sandra immer bei sich!“

„Herr Kniep, was ist Ihrer Frau ganz wichtig? Wovon würde sie sich nie trennen? Bitte überlegen Sie ganz genau!“

„Irgendein Schmuckstück, das sie von ihrer Mutter geerbt hat.“

„Würden Sie bitte nachsehen, ob es noch da ist?“

„Die Schmuckschatulle ist hier, aber es ist alles noch da, da fehlt nichts, auch die Herzkette von ihrer Mutter liegt hier drin.“

„Darf ich mal bitte sehen?“, fragte Herr Lenz. „War die Kette aus Gold? Denn diese Kette hier ist kein Gold!“

Tom musste sich so beherrschen, seine Wut nicht ausbrechen zu lassen.

„Kommen wir nun zu den wichtigsten Angelegenheiten. Wo hat Ihre Frau ihr Konto? EC-Karte, Kreditkarte?“

„Meine Frau hat kein eigenes Konto, wir haben ein Gemeinschaftskonto.“

„Hat Ihre Frau Abhebungen getätigt?“

„Nein, ich habe schon nachgesehen, nichts.“

„Verfügt Ihre Frau über eine größere Summe Bargeld?“

„Nein!“

„Hat Ihre Frau ein Handy?“

„Ja, aber das ist komplett ausgeschaltet. Ich habe es schon hundertmal versucht.“

„Herr Kniep, kann es sein, dass Ihre Frau einen Geliebten hat?“

„Nein!“, schrie Tom.

„Sie hören von mir. Einen schönen Tag noch, Herr Kniep.“

Tom war fertig. Warum war er darauf nicht selbst gekommen? Warum hatte Sandra das gemacht? Sie hatte doch ein schönes Leben. Wie sollte es denn nun weitergehen? Ich muss mir eine Putzfrau suchen, einen Gärtner und eine Haushalthilfe. Gleich morgen fange ich mit der Suche an, sagte er sich.

Ich musste mich erst noch an meinen neuen Rufnamen gewöhnen. „Aber das wird schon“, sprach ich zu mir selbst. Die Arbeit ging mir gut von der Hand und Herr Asmus war sehr zufrieden mit mir.

Nach einer Woche bot er mir an, bei ihm im Haus zu wohnen. Er hätte noch ein Zimmer für mich frei. Ich lehnte dankend ab, freute sich aber über das Vertrauen von Herrn Asmus. Auf Dauer konnte ich hier nicht bleiben. Ich brauchte einen Plan.

Herr Lenz begann noch am selben Tag mit seinen Ermittlungen, denn er wusste, je mehr Zeit vergeht desto schwieriger, war es, eine Spur zu verfolgen. Als erstes durchsuchte er jede Plattform im Internet nach dem BMW M1 Coupe. Denn wenn Frau Kniep clever war, hatte sie ihr Auto bereits verkauft. So kam sie auch zu Bargeld. Denn von irgendwas musste sie ja ihren Lebensunterhalt bestreiten. Bingo! Da bot doch tatsächlich ein Autohaus in Hannover so ein Fahrzeug an. Die Farbe Grün stimmte und die Kilometerleistung auch. Das musste das Auto von Sandra Kniep sein. Herr Lenz rief sofort im Autohaus an und heuchelte Interesse am Kauf vor. „Wie viele Vorbesitzer hatte denn der BMW?“, wollte er von Herrn Reichelt wissen.

„Den hat eine Frau gefahren sie war auch der

Erstbesitzer!“

„Warum verkauft man denn so ein tolles Fahrzeug nach so kurzer Zeit? Ist an dem Wagen etwas faul?“

„Wo denken sie hin, der BMW ist eins A in Schuss. Wenn ich mich recht erinnere wollte die Frau nach Mallorca auswandern. Ja, genau, jetzt erinnere ich mich wieder. Sie ist noch am selben Tag von Hannover Langenhagen geflogen.“

„Wann war das denn?“, wollte Herr Lenz wissen.

„Was geht Sie da an?“

„Ich bin Privatdetektiv und ermittle in diesem Fall.“

„Dann ermitteln Sie mal schön weiter. Ich habe etwas gegen Schnüffler. Der Verkauf wurde sauber abgewickelt. Schönen Tag noch!“ Herr Reichelt legte auf.

Schade, dachte Herr Lenz, das Datum wäre schon hilfreich gewesen. Er überprüfte die Abflüge vom Airport Langenhagen. Hannover/Palma, fand Herr Lenz heraus, ging ein Direktflug zweimal die Woche. Am 17. Juli und am 20.Juli.

Herr Lenz rief Tom an, um ihn zu informieren, was er herausbekommen hatte. Das kam immer gut an bei den Auftraggebern. Denn schließlich zahlten sie ja auch nicht wenig für die Recherche.

„Hallo Herr Kniep, ich habe schon einiges in Erfahrung bringen können. Ihre Frau hat den BMW an einen Autohändler in Hannover verkauft und dort erzählt, dass sie am selben Tag nach Mallorca fliegt, um ein neues Leben an zu fangen. Können sie sich das vorstellen? Spricht ihre Frau spanisch? Gibt es Freunde, Bekannte auf der Insel?"

„Ja, meine Frau spricht spanisch. Sie hat mal einen Kurs bei der Volkshochschule besucht. Wir waren schon mehrmals im Urlaub auf Mallorca gewesen. Sie liebt diese Insel, hat sie auch immer gesagt!"

„Freunde auf Mallorca gibt es nicht?"

„Meine Frau hat keine Freunde."

„Ja, das sagten Sie bereits, Herr Kniep. Ich kann mir das schwer vorstellen, wie und warum man so einsam lebt."

„Meine Frau hat ausschließlich mich geliebt. Ich reichte ihr."

„Herr Kniep ich werde nun parallel ermitteln, auf Mallorca und hier. Sollte sich der Verdacht erhärten, dass Ihre Frau wirklich auf Mallorca ist und ich vor Ort ermitteln muss, wird die Ermittlung erheblich teurer."

„Danke für die Information, Herr Lenz."

Tom hatte in den letzten Tagen erst gemerkt, dass ihm Sandra wirklich fehlte. Er hatte zwar eine Hausdame eingestellt, aber das ist nicht dasselbe.

Wenn er nach Hause kam, war zwar alles sauber, aber keiner war da. Das Essen stand auf dem Herd. Er muss es nur noch erwärmen. Tom trank nun regelmäßig zum Essen eine Flasche Rotwein. Er redete sich ein, damit besser schlafen zu können. Für seine sexuelle Befriedigung engagierte er regelmäßig einen Escort-Service. Nadine war schwarzhaarig, groß und hatte pralle Brüste. Sie war verschwiegen, das mochte er. Denn durch den starken Alkoholkonsum bekam er immer öfter Schwierigkeiten, seinen Mann zu stehen. Nadine ging sehr gut damit um. Sie tat so, als bemerkte sie es nicht, und half gegebenenfalls mit der Hand oder oral nach. Einmal hatte er selbst gemerkt, dass er nicht richtig konnte, da hatte er Nadine ein paarmal in die Rippen geboxt. Nadine schrie auf und gab ihm deutlich zu verstehen, sollte das noch mal passieren, würde sie ihn anzeigen. Die Versuchung war groß zuzuschlagen, aber er konnte sich gerade noch beherrschen.

Mein Handy klingelte und ich zuckte sofort zusammen, dann sah ich dass Maren angerufen hatte. „Hallo Maren, schön, von dir zu hören. Ist etwas passiert?“

„Tom war gestern in unserer Filiale. Er hat erzählt, dass er nun einen Privatdetektiv auf dich angesetzt hat, um dich zu finden. Er weiß davon, dass du dein Auto in Hannover verkauft hast. Ich glaube, er ahnt, dass wir in Kontakt stehen."

„Oh, nein, so schnell hätte ich damit nicht gerechnet."

„Sandra mein Angebot steht immer noch, komm zurück, zeig Tom wegen schwerer Körperverletzung an und lass dich von dem Brutalo scheiden, beginne hier ein neues Leben. Ich helfe dir dabei und bin für dich da!"

„Danke, Maren, aber ich kann das nicht, ich habe noch nicht die Kraft dazu! Ich werde weiterfahren und mich von dort bei dir melden. Wie geht es dir denn, alles ok, Maren?"

„Nein, wo ist schon alles ok? Wir werden hier alle unter Generalverdacht gestellt, naja, verstehen kann ich das ja."

„Warum? Was ist los?", fragte Sandra."

„Du, Sandra, sei mir nicht böse, aber ich darf darüber nicht sprechen. Schade, dass du schon deine Zelte in Mölln abbrechen willst, ich wollte dir gerade vorschlagen, ob ich dich besuchen kommen soll, damit du nicht immer so alleine bist."

„Das ist lieb von dir, Maren aber ich fühle mich gar nicht alleine, die Arbeit macht mir Spaß. Die Dorfbewohner sind total nett und lieb zu mir. Es ist aber dennoch besser, wenn ich die Zelte hier abbreche!"

„Da hast du sicher recht, fühl dich ganz lieb von

mir gedrückt! Tschüss, Sandra“

„Tschüss, Maren.“

Herr Lenz kam nicht so richtig voran mit seinen Ermittlungen. Die Hotelrecherche verlief im Sand. Er hatte sogar in der Bahnhofsmission im Hannoveraner Hauptbahnhof nachgefragt, ob Sandra dort übernachtet hatte. Die offizielle Auskunftsanfrage bei dem Einwohnermeldeamt dauert noch an. Einen Nachsendeantrag bei der Post hatte Frau Kniep nicht gestellt. Er hatte Sandra einen fingierten Brief geschrieben und der kam ganz normal bei Tom Kniep, seinem Auftraggeber, an. Tom Kniep rief ihn an, um ihm mitzuteilen, dass ein Brief für Sandra angekommen war. Die Mallorca-Geschichte war noch nicht vom Tisch! Herr Lenz arbeitete mit einer Detektei auf Mallorca zusammen und die prüften, ob Sandra überhaupt in Spanien angekommen war. Beziehungen sind eben alles! Herr Lenz fragte sich mehr als einmal, warum eine Frau so ein sorgenfreies Leben einfach aufgibt? Ihm imponierte aber auch, dass sie anscheinend clever war und ihre Flucht gut vorbereitet hatte. Aber sein Jagdtrieb war dadurch nur noch stärker.

5
Die Reise geht weiter

Ich teilte Herrn Asmus mit, dass meine Tante erkrankt sei, Hilfe nach einem Krankenhausbesuch benötigte und ich deshalb leider meinen Job aufgeben müsse. Herr Asmus war sehr traurig und ließ mich nur ungern gehen. Wir beide hatten uns gut verstanden, was auch bestimmt daran lag, dass ich nicht zu viel redete. Herr Asmus wischte sich beim Abschied eine kleine Träne aus dem Augenwinkel. Er sah dem Bulli noch lange nach.

Ich fuhr nach Ratzeburg zu einem Autohändler und verkaufte meinen mittlerweile lieb gewonnenen Bulli. Ich konnte einen super Preis erzielen und freute mich riesig. Ich bekam für den Bulli noch 1500 Euro mehr, als ich bezahlt hatte. Vielleicht sollte ich in meinem zweiten Leben Autoverkäuferin werden? Ich hatte bis jetzt von den 500.000 Euro noch keinen Cent ausgegeben. Bis jetzt reichte das Geld immer noch von meinem BMW-Verkauf.

Nach dem Telefonat mit Maren beschloss ich mir kein Auto mehr zu kaufen, denn ich wollte so wenig Spuren hinterlassen wie nötig. Ich fuhr von Ratzeburg mit dem Zug nach Lübeck und von dort aus weiter mit dem Zug an den Timmendorfer Strand direkt nach Scharbeutz. Die Hauptsaison neigte sich dem Ende zu. Das Wetter wurde unbeständiger. Ich sehnte mich nach einem Zimmer oder einer kleinen Wohnung.

Ich saß im Café direkt mit Blick auf den Ostseestrand und studierte die Stellenanzeigen in den Lübecker Nachrichten. Die Bedienung brachte den von mir bestellen Cappuccino.

„Sind Sie gerade angekommen?“

„Ja, ich suche Arbeit und ein Zimmer. Haben Sie vielleicht eine Idee, wo ich nachfragen könnte?“

„Sie schickt ja der Himmel“, antwortete die Bedienung und ein Grinsen machte sich auf ihrem Gesicht breit. Wann können Sie anfangen?“

„Wie, Sie suchen jemanden?“, fragte ich ungläubig.“

„Sie können sich gar nicht vorstellen, wie dringend! Ich heiße Carola.“

Wir lachten beide. Da im Moment im Café nicht so viel zu tun war, setzte sich Carola an meinen Tisch. „Ich arbeite schon die ganze Saison alleine, hatte kein freies Wochenende von Urlaub ganz zu schweigen. Bitte bleiben Sie hier, ich flehe Sie an.“

„Da kann ich ja nicht nein sagen“, lachte ich. „Wissen Sie denn auch zufällig, wo ich wohnen kann?“

„Ich habe eine kleine Ferienwohnung direkt über meinem Café hier. Ca. 50 Quadratmeter groß und komplett eingerichtet! Ist das ein Deal? Sie können hier umsonst wohnen und ich zahle Ihnen ein Gehalt von 1700 Euro Brutto. Der Cappu geht natürlich aufs Haus.“

„Heute ist mein Glückstag! Ich heiße Michaela Sandra Kniep und nehme den Job an!“

„Gut, Michaela, dann zeigt dir meine Tochter Eva gleich mal die Ferienwohnung und morgen früh um 10 Uhr beginnt dann deine Arbeitszeit. Ich bereite bis dahin den Arbeitsvertrag vor. Herzlich Willkommen in Scharbeutz, Michaela!“

Ich konnte mein Glück kaum fassen. Eva kam gleich mit dem Schlüssel und schloss die Ferienwohnung auf. Wie niedlich die kleine Wohnung eingerichtet war, Dachschräge, die Farben an den Wänden in blau-weiß gehalten. Ein kleines blau-weiß gestreiftes Sofa, ein kleiner weißer viereckiger Tisch und zwei weiße Stühle mit blauem Stoffbezug. Im Schlafzimmer standen ein weißer Kleiderschrank und ein weißes Bett mit blau-weiß gestreifter Bettwäsche. An der Wand hing ein Bild von der Ostsee mit einer weißen Möwe. Das Badezimmer war klein mit Dusche und einem runden Spiegel, der wie ein Bullauge aussah, weil der Spiegel mit einem Strick umwickelt war. Eva übergab mir feierlich den Schlüssel. Als sie gegangen war, musste ich vor Freude weinen. Welch ein schönes Gefühl! Ich hatte Arbeit und ein eigene Zuhause, wenn auch erst mal nur bis Dezember, zum Saisonende.

Herr Lenz hatte über das Einwohnermeldeamt erfahren, das Sandra ihren Namen geändert hatte. Aus Sandra Michaela Kniep wurde Michaela Sandra Kniep. Okay, dann haben wir zumindest eine weitere Spur, dachte Lenz. Ich werde es noch mal über die Versicherungsagentur versuchen, ob ich etwas erfahren kann.

Tom dauerten die Ermittlungen schon viel zu lange. Er zählte schon gar nicht mehr, wie viel Geld er Herrn Lenz überwiesen hatte. Immerhin hatte der Detektiv seinen Stundensatz auf 200 Euro gesenkt, da sich die Recherche ja schon über Monate hinzog. Außerdem wollte Herr Lenz so einen zahlungskräftigen Kunden auch nicht verlieren.

Ich fand mein Leben großartig. Die Arbeit im Café machte mir viel Spaß, es gab gutes Trinkgeld und meine Chefin wurde nach so kurzer Zeit schon meine Freundin. Die Abende verbrachte ich oft an der Ostsee am Strand. Schön eingepackt in einer kuschligen Wolldecke. So wie auch gestern Abend. Ich war wohl eingeschlafen, als ich plötzlich etwas feuchtes, ekeliges in meinem Gesicht spürte. Ich schrie auf, aber der Hund, der mich

gerade abschleckte, ließ sich davon nicht abschrecken.
„Aus! Brutus, komm sofort her!“, rief sein Herrchen. Brutus tat, als hörte er nichts und leckte fröhlich weiter. Da war aber endlich der Hundebesitzer da und zog den Hund von mir runter. „Bitte entschuldigen Sie das rüpelhafte Verhalten von meinem Hund, auch wenn er einen guten Geschmack hat“, sagte der gutaussehende, blonde Mann in seinen kurzen, weißen Shorts mit dem blauen T-Shirt. Wir mussten beide lachen. Brutus, ein schöner weiß-grauer Bobtail, legte sich zu meinen Füßen. „Brutus, du bist ein fauler Hund, nun komm schon, wir laufen noch eine Runde. Lass die hübsche Dame den Sonnenuntergang genießen.“

Brutus gab keinen Ton von sich, stand aber auf. „Brutus muss sich erst an mich gewöhnen, er gehörte meinem Sohn. Wir müssen uns wohl bei Ihnen beide für den Überfall entschuldigen.“

„Naja, etwas stürmisch war die Begrüßung schon!“

„Also einen schönen Abend noch.“

„Danke, für Sie auch.“

Mein Telefon klingelte, jedes Mal erschreckte ich mich zutiefst! Diese Telefonnummer hatten nur Maren und Carola, meine Chefin. Zaghaft meldete ich mich mit einem einfachen „Ja?“.

„Hallo Sandra, ich wollte mal hören, wie es dir geht?“

„Hallo Maren, wie lieb, dass du dich meldest. Mir geht es so gut wie schon lange nicht mehr. Meine blauen Flecke sind weg, mein Rücken schmerzt nicht mehr. Ich habe eine nette Chefin, die schon mehr meine Freundin ist. Ich genieße die Ostsee.“

„Das hört sich ja alles super an. Was hältst du davon, wenn ich dich besuchen komme?“

„Oh, Maren verstehe das bitte nicht falsch, aber ich habe Angst, dass Tom dich verfolgt oder der Detektiv. Bitte lass uns noch ein paar Wochen warten.“

„Ja, ich kann dich schon verstehen. Ich dachte nur, ich habe Urlaub und ein bisschen Ostsee würde mir ganz gut tun. Sandra, ist schon ok, sag einfach Bescheid, wenn du meinst, dass wir uns treffen können.“

„Ja, das mache ich gerne. Sag mal, bei unserem letzten Telefonat hast du angedeutet, dass es auf der Bank Schwierigkeiten gibt. Was war denn da los?“

„Ich denke, nun kann ich es dir erzählen. Also, vor ein paar Monaten sollte ein Bote von unserm Großkunden eine größere Summe Geld einzahlen. Der Bote ist auf dem Weg zu unserer Bank von einem maskierten Mann in Motorradkleidung überfallen worden. Es wussten aber nur sehr wenige Personen von dem Botengang. Meine Kollegin, ich und unser Kassierer. Ja, und der Bote und die Buchhalterin von der Firma. Also hat die Polizei vermutet, dass einer von uns diesen Überfall fingiert hat. Bis heute ist das Geld nicht aufgetaucht.“

„Um welche Summe ging es denn?“

„Der Bote ist mit 500.000 Euro bei uns nie angekommen.“

„Oh, das klingt nicht gut.“ Dabei fingen meine Knie an zu zittern. „Maren, ich melde mich wieder. Pass auf dich auf. Tschüss!“

„Tschüss, Sandra, aber bitte rede mit niemandem darüber.“

Ich legte auf. War das das Geld, welches ich gefunden hatte? Es stammte aus einem Raubüberfall? Ein schlechtes Gewissen machte sich breit.

Herr Lenz fand heraus, dass Michaela einen VW-Bulli in Ratzeburg verkauft hatte. Leider konnte sich der Käufer vom Autohaus nicht mehr an sie erinnern. Auch ob Michaela alleine war oder in Begleitung, war dem Käufer nicht mehr bewusst. Er hatte sich nur gefreut, den Bulli käuflich zu erwerben, weil diese Fahrzeuge sehr gefragt sind. Herr Lenz bedauerte zwar, dass er nicht mehr herausgefunden hatte, aber immerhin wusste er nun, dass Michaela nicht in Spanien auf Mallorca war.

Auf Michaelas Namen war bis heute kein weiteres Fahrzeug zugelassen worden. Herr Lenz recherchierte bei der Deutschen Bahn die Zugverbindungen von Ratzeburg. Da gab es leider viele Verbindungen. Wo zum Teufel war die Frau? Er wies seine Sekretärin an, bei den Einwohnermeldeämtern eine Auskunftsanfrage zu stellen. Dann griff Herr Lenz zum Telefon, um endlich mal wieder einen Erfolg an Tom Kniep zu übermitteln. Tom war schlecht gelaunt und fragte Herrn Lenz, warum seine Ermittlungen so lange dauern. Als der Privatdetektiv antworten wollte, brüllte Tom in den Hörer: „Sie können aufhören mit Ihren Ermittlungen. Sie kosten nur Geld und leisten nichts dafür. Außerdem will ich Sandra gar nicht mehr wiederhaben. Mir könnte es doch gar nicht besser gehen und wissen Sie, warum, Herr Detektiv? Ich zahle keinen Unterhalt und es sieht auch nicht danach aus, als wenn sie mich anzeigen will. Ha, ich müsste doch eigentlich Sandra oder wie immer sie sich jetzt nennt, dankbar sein. Soll sie doch dort bleiben, wo der Pfeffer wächst! Sie können mir Ihre Schlussrechnung schicken.“ Tom beendete das Gespräch und legte einfach auf.

Herr Lenz stutzte einen Moment, was hatte Tom da gesagt? Sandra beziehungsweise Michaela würde ihn nicht anzeigen? Warum sollte seine Frau ihren Mann anzeigen? Er verstand gerade gar nichts.

6
Justus und Brutus

Ich wollte gerade den Tisch abwischen, als mir etwas an den Beinen rumwuselte. Fast wäre ich über den Hund gefallen. „Hey, dich kenne ich doch! Brutus, nicht wahr?“

Ich streichelte den Hund als auch schon sein Besitzer um die Ecke kam und laut rief: „Brutus was machst du nun schon wieder? Oh, hallo wir kennen uns doch? Sie sind doch die hübsche Dame vom Strand!“

„Ja, und Brutus hat mich wohl auch schon erkannt.“

„Arbeiten sie hier im Café? Ist der Tisch noch frei?“

„Ja, Sie können gerne Platz nehmen und Brutus natürlich auch.“

Brutus legte sich sofort unter den Tisch und wedelte mit dem Schwanz. Dann hätte ich gerne einen Becher Kaffee und haben Sie auch Kuchen?“

„Ja, aber nur noch Käse- oder Apfelkuchen mit Streuseln.“

„Prima, dann nehme ich den Käsekuchen.“

„Gerne.“ Ich brachte für Brutus eine Hundeschale mit Wasser und für sein Herrchen den bestellten Kuchen. Immer, wenn ich an dem Tisch vorbeikam, lachte mich Brutus‘ Herrchen an. Nach einiger Zeit bat er mich um die Rechnung. „Darf ich Sie nach Ihrem Namen fragen?“

„Ich heiße Michaela.“

„Angenehm, mein Name ist Justus. Michaela, darf ich Sie heute Abend zu einem Strandspaziergang einladen? 20:00 Uhr?“

„Ja, gerne.“

Brutus sprang auf und wedelte mit seinem Schwanz, als wenn er alles verstanden hätte.

„Brutus, du darfst natürlich mit, wenn du dich benimmst. Bis heute Abend, Michaela, ich freue mich.“

Tom bestellte sich nun regelmäßig Nadine vom Escort-Service zu sich nach Hause. Bevor die beiden sich im Schlafzimmer vergnügen würden, bestellte er heute Abend Hummer vom Partyservice sowie Champagner. Pünktlich um 20:00 Uhr klingelte Nadine bei Tom. Vor der Tür zog Nadine sich ihren kurzen schwarzen Rock noch etwas weiter runter. Die halterlosen Strümpfe saßen nicht perfekt, sie rutschten ein wenig und Nadine ärgerte sich gerade darüber, dass sie nicht 10 Euro mehr ausgegeben hatte für Markenstrümpfe. Da öffnete Tom die Tür, heute in bester Laune.

„Komm rein der Tisch ist schon gedeckt.“

„Oh la la, Champagner? Gibt es etwas zu feiern?“, fragte Nadine.

„Ja, könnte man so sagen, ich habe beschlossen nicht mehr nach meiner Frau zu suchen und dem Detektiv mein sauer verdientes Geld nicht mehr in den Rachen zu werfen. Lieber gebe ich es dir, du kleines Biest. Bezaubernd siehst du heute wieder aus.“ Tom trat ganz dicht an Nadine heran und öffnete noch zwei Knöpfe von ihrer roten Bluse. „So kommen doch deine Brüste gleich viel besser zur Geltung.“

Tom lachte und Nadine nahm brav am Esstisch gegenüber von Tom Platz. Die Unterhaltung lief etwas schleppend, denn Tom dachte während des Essens schon an seinen Nachtisch und Nadine dachte daran, dass Tom sie nicht so hart anfassen sollte, denn blaue Flecke an den Armen kamen bei den anderen Herren, denen sie ja auch immer noch zur Verfügung stand, nicht so gut an.

Tom stierte die ganze Zeit auf Nadines Brüste und malte sich in Gedanken schon aus, wie sie in voller Pracht über ihm hängen würden und wie hart die Brustwarzen waren. Nadine versuchte Tom noch ein wenig mehr von dem Champagner einzuflößen, aber heute wollte Tom nicht mehr trinken. Schade, dachte Nadine, oft hat es geklappt und Tom ist vom Alkohol müde geworden.

Tom war noch nicht mit seinem Essen fertig, als er aufstand und vor Nadine stand. „Süße, wir können es uns heute auch mal hier gut gehen lassen, im Esszimmer. Es muss ja nicht immer das Schlafzimmer sein. Ich habe schon Lust auf dich! Er zog seinen Gürtel aus der Hose und öffnete den Reißverschluss. „Da wartet schon jemand, um von dir begrüßt zu werden."

Nadine nahm seinen Penis in die Hand und spielte ein wenig herum. „Hey, das kannst du besser." Tom zog den Kopf von Nadine dahin, wo er ihn hin haben wollte, und ließ ihren Nacken nicht mehr los. Da Tom den Druck auf ihren Nacken verstärkte und ihr das wehtat, erhöhte auch Nadine den Druck mit ihren Zähnen. Tom schrie auf. „Spinnst du!" Er ließ Nadines Nacken sofort los.

Nadine spuckte fast seinen Penis aus. Tom packte Nadine an den Armen und zog sie hoch. Mit einer Drehung legte er Nadine auf den Tisch. Zwei Teller fielen zu Boden. Tom war das egal, es heizte ihn nur noch mehr an. Als er Nadines Rock hochschob, sah er, dass sie nur halterlose Strümpfe ohne Slip trug. Er drang kaum mit seinem Penis in Nadine ein, da bekam er auch schon einen Orgasmus und alles war vorbei.

Nadine zog ihren Rock runter, sah Tom wütend an und sagte: „Tom, du bist echt krank! So einen Typen wie dich habe ich noch nie erlebt. Such dir eine andere für deine abartigen Sexspiele."

„Keine Sorge, du wirst mir eh zu langweilig. Ich

suche mir eine andere Schlampe, die nicht so zimperlich ist wie du! Dass ich nicht lache, machst hier ein auf vornehme Escortdame mit Service. Bist auch nichts besseres als andere Weiber."

Brutus sah mich als erstes und kam auf mich zugerannt. Ich begrüßte ihn zuerst und dann Justus.

„Hallo Michaela, hast du den Tag heute gut rum bekommen?"

„Ja, ich arbeite gerne bei Carola, sie ist eine tolle Chefin!"

„Bist du hier in Scharbeutz, um Urlaub zu machen, oder wohnst du hier?"

„Nein, ich bin hier, um zu vergessen."

„Liebeskummer?"

„Viel schlimmer, aber heute möchte ich nicht davon reden, sondern den schönen Abend mit dir genießen."

„Ich sehe dich immer alleine, Michaela. Gibt es keinen Mann in deinem Leben oder Kinder?"

„Ich bin verheiratet, möchte mich aber scheiden lassen. Kinder habe ich keine. Es hat nicht geklappt. Vielleicht ist es aber besser so. Ich bin hier, um Kraft für den nächsten Schritt zu tanken."

„Dann haben wir wohl beide nicht so Schönes erlebt." Justus warf einen Stock für Brutus und

Brutus holte brav den Stock und das Spiel begann von vorne.

Wir liefen schweigend nebeneinander her.

„Wollen wir uns da vorne in den Strandkorb setzen?“, fragte Justus. „Ich habe uns eine Flasche Rotwein und zwei Gläser mitgebracht und meinen Lieblingskäse, einen Schweizer Kräuterkäse. Kennst du den?“

„Nein, den kenne ich nicht, aber eine tolle Idee von dir.“

So nahmen wir beide in dem Strandkorb Platz. Justus goss den Wein ein. Brutus lag auf unseren Füßen. Das Meer rauschte ganz leise, es hörte sich fast an wie eine leise Hintergrundmusik. Ich genoss diese Stille und auch Justus. Der Primitivo war vollmundig und ganz mein Geschmack. Wir unterhielten uns über Musik und unsere Vorlieben beim Essen und Trinken, bis es Zeit zum Aufbruch wurde. Ich musste ja am nächsten Tag wieder arbeiten. Justus brachte mich bis zur Haustür. Er nahm meine Hand, hielt sie sehr lange fest und schaute dabei die ganze Zeit in meine Augen.

„Sehen wir uns morgen wieder, Michaela? Ich bin gerne mit dir zusammen.“

„Ja, gerne“, antwortete ich zaghaft. „Morgen bringe ich den Wein mit“, rief ich Justus noch zu.

„Herr Lenz, ich habe Ihnen einen Ausdruck vom Einwohnermeldeamt auf den Tisch gelegt.“

„Um welchen Fall geht es denn?“, fragte Herr Lenz seine Sekretärin.

„Sandra … nun Michaela Kniep.“

„Ach was, wo ist sie denn nun gemeldet?“

„In Scharbeutz. Soll ich den Ehemann gleich informieren?“

„Nein, Frau Stollte das lassen Sie mal. Herr Kniep hat uns den Auftrag entzogen. Wir sollen nicht weiter ermitteln. Zumindest nicht offiziell. Legen Sie die Bestätigung bitte in die Akte Kniep.“ Herr Lenz war sich gerade sehr unsicher warum er so handelte, aber er hatte ein gutes Bauchgefühl und eine noch bessere Nase. Wer weiß, wofür es gut ist.

Wieder sah ich als erstes Brutus und dann Justus. Justus lachte und sagte. „Gegen Brutus habe ich wohl keine Chance, oder ich muss ihn zuhause lassen, damit ich dich als erstes begrüßen kann!“

Brutus bellte einmal laut, um seine Veto einzulegen. Wir lachten. Justus reichte mir seine Hand, die er sehr nah an seinem Körper hielt. Dadurch war ich ihm bei unserer Begrüßung sehr nah, was mir nicht unangenehm war.

Wir waren gerade 20 Minuten spazieren gegangen, da fing es an zu nieseln.

„Oh wie schade. Hoffentlich wird das nicht noch mehr.“ Mein Blick ging geradewegs zum Himmel. Leider näherte sich eine dicke Wolke.

Auch Justus schaute zum Himmel. „Hm, sieht nicht einladend aus. Was hältst du davon, Michaela, wenn wir die Flasche Rotwein bei mir im Appartement öffnen? Oder hast du Angst, dich in die Höhle des Löwen zu begeben?“

„Nein, ich weiß zwar nicht, warum, aber Angst habe ich nicht vor dir.“

„Dann lass uns schneller gehen, der Wind nimmt auch zu und ich glaube, es dauert nicht mehr lange, bis es prasselt.“

Das Appartement von Justus war fast doppelt so groß wie meine Ferienwohnung bei Carola. Justus‘ Appartement war in schwarz-weiß gehalten und sehr modern eingerichtet. Die Wände waren alle weiß, genauso die Schränke, Tisch und Stühle. Das Sofa war aus schwarzem feinem Nubuk-Leder. Für etwas Farbe sorgten die Kissen in türkis, die wild auf dem Sofa verteilt lagen. Das Sofa sah sehr teuer aus. Eine offene Einbauküche, natürlich in Weiß, aber aus Holz mit einem Gasherd in der Mitte als Block gefiel mir besonders gut. Darüber hingen Pfannen und kleinere Töpfe in unterschiedlichster Größe. Der Fußboden im Badezimmer war mit schwarz-weißen Fliesen ausgestattet und erinnerte mich an ein Schachspiel. Die

Wände waren weiß gefliest mit einer schwarzen Bordüre in ca. 1,60 Metern Höhe. Das Waschbecken war knallrot aus Keramik sowie der Toilettendeckel und der Spiegel.

„Wow“, entfuhr es mir, „da war aber einer oder eine sehr mutig.“

Justus lachte laut und sagte: „Naja, also mein Geschmack ist das nicht!“ Das Schlafzimmer ließ Justus bei seiner Besichtigung vom Appartement aus. Wir gingen zurück ins Wohnzimmer und setzten uns nebeneinander auf das schwarze Ledersofa.

„Justus, wo kommst du her, wo hast du gelebt?“

„Ach, Michaela, aus einer Kleinstadt in Niedersachen, dort lebte ich alleine mit meinem Sohn nach meiner Scheidung.“

„Seit wann bist du geschieden?“

„Seit fünf Jahren bin ich geschieden, da war Söhren elf Jahre alt. Söhrens Mutter konnte mit der Krankheit und den verbundenen Krankenhausaufenthalten einfach nicht mehr umgehen. Dieses ständige Auf und Ab hat unsere Ehe stark belastet. Andere Paare schweißt es vielleicht zusammen aber bei uns war das leider ganz anders. Wir haben als Ehepaar gar nicht mehr funktioniert.“

„Wo ist Söhren heute? Lebt er bei deiner geschiedenen Frau?“

„Nein, Michaela, Söhren ist im letzten Juni verstorben. Es war zu spät, wir und die Ärzte konnten ihm nicht mehr helfen.“

„Justus, das tut mir unendlich leid. Wenn ich das gewusst hätte, hätte ich das nie gefragt.“

„Es tut mir gut, endlich mal darüber zu reden. Du bist der erste Mensch, dem ich davon erzählen möchte. Söhren hatte eine Autoimmunerkrankung, die sogenannte Ebsteinanomalie, einen Herzfehler, die rechte Herzklappe schließt nicht richtig und so kann das Blut von rechts nach links laufen, vereinfacht ausgedrückt. Kurz vor seinem OP Termin hatte er einen Herzinfarkt und ist daran gestorben.“

Ich legte meine Hand auf Justus‘ Hand, er nahm sie stillschweigend und drücke sie. Nach einer ganzen Weile fragte Justus mich, wo ich vor Scharbeutz gelebt hatte. Er war erstaunt, als ich ihm erzählte, dass auch ich in Niedersachen gelebt hatte mit meinem Mann. Ich erzählte ihm von unserem schönen Haus, dem wundervollen englischen Garten und auch unseren vergeblichen Kinderwunsch ließ ich nicht aus.

„Michaela, warum hast du denn deinen Mann verlassen? Das hört sich doch bis auf den unerfüllten Kinderwunsch alles ganz gut an?“

Ich senkte die Augen, mir wurde flau im Magen. Sollte ich den Satz aussprechen? „Mein Mann hat

…“ Meine Stimme versagte, es klang sehr gepresst. „… mich immer wieder geschlagen.“

Nun war es raus. Ich hob meinen Blick vom Fußboden und sah direkt in Justus‘ blaue Augen.

„Was? Das geht ja gar nicht! Es gibt keinen Grund, irgendeinen Menschen oder ein Tier zu schlagen.“

„Ich war manchmal sehr ungeschickt oder habe das Essen versalzen und dann ist es passiert, dann hat er mich regelrecht verprügelt.“

Justus nahm Michaela sehr vorsichtig in den Arm. „Das ist doch kein Grund, jemanden zu schlagen! Hast du deinen Mann angezeigt wegen Körperverletzung?“

„Nein, das hätte ich nie getan. Wir sind doch verheiratet.“

„Michaela, das gibt ihm doch noch lange nicht das Recht, dich zu verprügeln! Hast du die Scheidung eingereicht?“

„Nein, mein Mann weiß gar nicht, wo ich bin. Ich habe große Angst vor ihm. Ich bin praktisch auf der Flucht vor ihm. Ich weiß, dass er einen Privatdetektiv beauftragt hat, um mich zu suchen. Nur meine einzige beste Freundin Maren weiß, wo ich bin, und du!“

„Michaela, ich danke dir für dein Vertrauen. Ich weiß es sehr zu schätzen und wenn ich dir helfen kann, in irgendeiner Form, dann lass es mich bitte wissen."

„Danke, Justus, es ist schon spät geworden, ich muss nun gehen."

Wir erhoben uns vom Sofa. Justus und Brutus brachten mich zu meiner Ferienwohnung.

„Es war ein sehr, sehr schöner Abend, Michaela, ich wünsche dir eine gute erholsame Nacht und wünsche dir, dass die Zeit alle deine Wunden heilt." Justus nahm mich vorsichtig in den Arm, als wäre ich zerbrechlich, und gab mir genauso vorsichtig einen Kuss auf meine Wange.

„Bis morgen?", fragte Justus.

„Ja, gerne, bis morgen", antwortete ich mit einem Lächeln im Gesicht.

Das Gespräch mit Justus hatte mich emotional sehr mitgenommen. Justus hatte recht, ich konnte mich doch nicht ewig vor Tom verstecken. Aber wenn ich die Scheidung einreichen würde, das würde Tom niemals akzeptieren. Er würde mir sicher das Leben zur Hölle machen. Nein, dann war es besser, wenn ich hier blieb, wo mich niemand kannte. Ich hatte einen Job, von dem ich leben konnte, und einen Freund, der mir zuhörte und sehr einfühlsam war.

7
Bitte stirb nicht

Tom beschloss nach dem Erlebnis mit Nadine, auf einen teuren Escort-Service zu verzichten, denn was er wollte, war einfach nur Sex. Nur für Sex ins Bordell zu gehen, kam für ihn auch nicht in Frage. Er mochte nicht auf einem verdreckten Bett liegen, wo vor ihm schon hunderte von Männern gelegen hatten. Dieser Gedanke verursachte Ekel in ihm. Sex per Video Chat und sich dabei selbst zu befriedigen bereitete ihm auch keine Lust. Also beschloss er, im Internet nach eindeutigen Anzeigen zu suchen. Schnell hatte er eine Frau gefunden, die laut Inserat alle Wünsche ihrer Kunden erfüllte. Sie kam ins Haus oder ins Hotel. Tom entschied sich gegen das Hotel. Flora nannte sich die Dame, sie war 38 Jahre alt, diesmal blond wie seine Frau Sandra, hatte aber im Gegensatz zu Sandra auch ordentlich Busen und einen prallen Hintern. Sie sprach mit leicht französischem Akzent, so stand es in ihrem Inserat. Tom brauchte nicht jeden Tag Sex, aber er merkte schon, wenn er gestresst war in seinem Job, dann war das Verlangen nach Sex um einiges größer.

So war es auch am 03. Oktober, als er Flora das erste Mal in sein Haus bestellte. Flora klingelte an der Haustür und Tom öffnete selbst die Tür, denn seine Hausdame hatte wie immer nur alles vorbereitet und hatte dann das Haus verlassen. Flora sah genauso aus, wie sie sich selbst beschrieben hatte. Sie trug einen weißen Webpelzmantel, eine weiße Hose und einen roten eng anliegenden Pulli mit Rollkragen. Von der Garderobe war Tom etwas enttäuscht. Ihm war das eindeutig zu bieder.

Flora bestaunte das schöne Haus und nahm am Esstisch Platz. Heute gab es Tapas, Fingerfood dazu einen schweren Rotwein. Flora ließ sich nur einen Schluck zum Anstoßen einschenken. Tom fand den französischen Akzent nach einiger Zeit schon nervig an Flora, ließ sich aber nichts anmerken. Nach dem Abendessen gingen Tom und Flora in den ersten Stock ins Schlafzimmer. Beide zogen sich selbst aus, bis auf die Unterwäsche. Flora trug eine rote Korsage, die ihr bis zur Taille ging, und einen roten Stringtanga. Tom hatte sich für diesen Abend extra seine Leoparden Boxershorts angezogen.

Sie machten es sich auf dem französischen Bett gemütlich. Flora fing an Tom am Oberkörper zu streicheln. Tom fragte schon in einem gereizten Ton, was das sollte. „Ich bezahle dich nicht, damit du meinen Oberkörper massierst."

Flora verstand sofort und flüsterte fast: „Dann werde ich mich mal und den kleinen Leoparden kümmern und zusehen, dass er groß und stark wird.“

„Was soll das hier werden? Tierstunde, oder was?“, antwortete Tom. Er setzte sich vor Flora und befahl: „Leg dich auf den Bauch!“

Flora drehte sich um. Da riss Tom ihr auch schon den Slip runter und versuchte die Ösen der Korsage zu öffnen. Dieses erforderte ein wenig Geschick, welches Tom nicht besaß. Er wurde wütend und schrie Flora an: „Wie kann man nur so ein dämliches Zeug anziehen … wie lange soll ich denn noch brauchen, um die 30 Ösen zu öffnen?“

Flora wollte mithelfen, die Ösen zu öffnen, dazu musste sie sich aber aufsetzen. Sie kam gar nicht dazu. Tom stieß sie mit einem Faustschlag in die Rippen um. Flora fiel zur Seite und Tom schlug erneut zu. Flora versuchte mit ihren beiden Händen ihr Gesicht zu schützen. Tom drosch blindlings auf Flora ein. Ihm war es völlig egal, wo er hin traf, Hauptsache, Flora stöhnte und schrie, das heizte ihn an. Auch dass Flora immer mal wieder nach ihm trat oder versuchte zurückzuschlagen, steigerte seine Lust.

Flora schrie laut um Hilfe. Sie versuchte, sich zu wehren und die brutalen Schläge abzuwehren, aber ihre Kraft wurde weniger. Irgendwann war der Wahn vorbei und Tom sah, was er angerichtet hatte. Vor ihm lag eine Frau, die ein blutunterlaufenes Auge hatte und aufgeplatzte dicke Lippen, die aus der Nase blutete, eine Platzwunde an der Stirn hatte und der Körper war voller roter, blauer Flecken. „Oh mein Gott was habe ich getan? Das wollte ich nicht! Flora, beweg dich doch bitte! Kannst Du mich hören? Bitte, bitte, stirb nicht! Flora!“ Tom fing an zu weinen, während er den Rettungsdienst verständigte. „Bitte kommen Sie schnell, sie bewegt sich nicht! Bitte, ich wollte das alles nicht!“

Ich saß gerade mit Justus im Restaurant „Zum goldenen Anker“ in Scharbeutz beim Abendessen, als mein Handy klingelte.

„Hallo Maren, wie schön, von dir zu hören, ich wollte dich auch heute Abend anrufen. Wie geht es dir denn?“

„Sandra“, Maren konnte sich nicht an den Namen Michaela gewöhnen, „du glaubst nicht, was heute in der Tageszeitung stand. Ich kann es immer noch nicht fassen. Hör mal bitte zu. Am 3.10.2020 wurde der Versicherungsmakler T. K. wegen schwererer Körperverletzung vorläufig in Gewahrsam genommen. Herr T. K. verweigert jegliche Aussage. Da die misshandelte Person keinen Personalausweis dabei hatte und bis jetzt nicht ansprechbar ist, bittet die Kriminalpolizei die Bevölkerung um Mithilfe. Wer kennt diese Frau? Es handelt sich um eine Frau Mitte bis Ende 30, Größe: 168 cm, blonde, halblange Haare. Wer kann Angaben zur Person machen? Wo wird vielleicht eine Frau auf die die Beschreibung passt, vermisst? Hinweise bitte an jede Polizeidienststelle … Da ist doch die Rede von Tom? T. K. und Versicherungsmakler, das passt doch wie die Faust aufs Auge im wahrsten Sinne.“

„Oh Gott Maren, was hat Tom getan? Du, ich rufe dich heute Abend von meiner Wohnung aus zurück. Danke, Maren, dass du mich informiert hast.“

„Alles in Ordnung?“, fragte Justus, der Wortfetzen vom Gespräch mitbekommen hatte.

„Mein Mann wurde wegen schwerer Körperverletzung verhaftet. Was soll ich denn jetzt machen?“

„Erst einmal beruhig dich bitte, Michaela, wir essen in Ruhe zu Ende, dann kommst du mit zu mir und wir überlegen zusammen, was zu tun ist, Ok?“

„Ach, Justus ich habe gar keinen Hunger mehr.“

„Auch gut, dann lassen wir uns das Essen einpacken und essen bei mir weiter.“

„ Bist du mir nicht böse?“

„Warum sollte ich dir böse sein? Alles Gut, Michaela.“

Ich war glücklich, in diesem Moment Justus an meiner Seite zu haben.

Herr Lenz legte die Zeitung aus der Hand und kratze sich am Kinn. Das kann doch kein Zufall sein. T. K., Versicherungsmakler. Cholerisch hatte Herr Lenz seinen Kunden schon immer eingeschätzt. Was hatte der nochmal gesagt? Herr Lenz versuchte sich an das Gespräch zu erinnern. Ja, klar, seine Frau hätte ihn nicht angezeigt. Das kann sich aber schnell ändern, mein Freund. Herr Lenz rief seiner Sekretärin zu: „Stolli, gib mir doch mal bitte die Akte Sandra Kniep."

„Kommt sofort, Chef."

Obendrauf lag die Antwort vom Einwohnermeldeamt Scharbeutz. Ich war schon lange nicht mehr an der Ostsee, wird mal wieder Zeit, dachte der Privatdetektiv. Herr Lenz setzte sich sofort in seinen schwarzen Mercedes und fuhr los, Einen Mandanten hatte er zurzeit nicht. Ja, das Leben als Detektiv ist kein Zuckerschlecken, war sein Standardspruch!

Im Büro des Escort-Service war helle Aufregung. „Nadine! T. K., Versicherungsmakler, war doch für ein paar Wochen dein Kunde, oder nicht?"

„Wieso? Was ist mit dem?"

„Da, lies mal.“ Hannah, ihre Kollegin, gab Nadine die Zeitung.

„Dieses perverse Schwein, hätte ich den damals bloß gleich angezeigt. Vielleicht hätte ich die Tat dann verhindern können. Das werde ich heute aber gleich nachholen.“

Nadine machte sich sofort auf den Weg zum Polizeirevier. Das Revier war nur zwei Straßen entfernt von der Escort-Agentur. Nachdem Nadine am Empfang dem freundlichen Polizisten mitgeteilt hatte, dass sie eine Anzeige gegen Tom Kniep aufgeben möchte, wurde ihr mitgeteilt, dass der Oberkommissar Herr Meier für den Fall zuständig sei und ihre Anzeige gleich aufnehmen werde.

Nadine schilderte alles bis auf das kleinste Detail.

„So, nun lesen Sie sich das Protokoll in aller Ruhe durch und unterschreiben Sie dann bitte rechts unten. Warum haben Sie Herrn Kniep nicht gleich angezeigt?“, fragte Herr Meier.

„Ich kann Ihnen das heute auch nicht mehr richtig sagen, wahrscheinlich dachte ich, es gehört zu seinen Sexspielchen dazu. Dass er aber so seine Kontrolle verliert, damit hatte ich nicht gerechnet.“

„Klasse ist aber, dass Ihre Kollegin Hannah Schiller Bilder von ihren blauen Flecken gemacht hat und ebenfalls als Zeugin aussagen wird.“

Nadine unterschrieb die Anzeige und verließ das Revier mit dem Gedanken, dass, wenn sie nicht den Vertrag mit Tom gekündigt hätte, er sie auch so zugerichtet hätte. Ihr war bewusst, dass sie einen Schutzengel gehabt hatte an diesem Abend.

„Herr Meier, die bestellte Hausdame von Herrn Kniep ist jetzt da zur Vernehmung. Kann ich sie in dein Büro schicken?"

„Ja passt gut … Guten Tag Frau Hille, Sie arbeiten für Herrn Kniep als Haushälterin? Seit wann?"

„Seit seine Frau verschwunden ist. Die Frau ist seit dem 17. Juli verschwunden und am 20. Juli habe ich meine Stelle als Haushälterin angetreten?"

„Wie war Herr Kniep denn als Arbeitgeber? Wussten Sie von den Damenbesuchen?"

„Ja, Herr Kniep bestellte dann immer ein besonderes Essen, wenn er Besuch bekam, oder, das kam auch vor, er bestellte beim Partyservice. Herr Kniep zahlt ein gutes Gehalt. Viel geredet hat er nicht mit mir. Aber ich habe schon gesehen, dass nach solchen Abenden, naja, wie soll ich es jetzt sagen …? Also, die Betten waren fleckig und stark zerwühlt. Vor ein paar Wochen sah es im Esszimmer aus, als wenn der Sex dort stattgefunden hat. Teller lagen mit Essensresten auf dem Fußboden verteilt. Champagnergläser waren kaputtgegangen, die Stühle lagen auch noch umgekippt. Wissen Sie, Herr Kniep hat ja nie etwas aufgeräumt. Wenn ich mir vorstelle, das wäre mein Mann na, dem hätte ich aber was erzählt."

Herr Meier war erfreut zu hören, das sich diese Aussage mit der der Escortdame Nadine deckte. „Können Sie denn Angaben zum dritten Oktober machen?"

„Nein an diesem Abend habe ich nicht gekocht. Herr Kniep hatte Essen beim Partyservice bestellt. Ich habe ja dann erst am vierten Oktober nachdem die Polizei gesagt hat, ich darf wieder rein ins Haus, sauber machen können. Lieber Gott, das sah schlimm aus, überall Blut, Blut überall auf dem Bett, dem Fußboden, die arme Frau. Lebt die denn überhaupt noch?"

„Ja, sie ist auf der Intensivstation und liegt noch im künstlichen Koma. Ja, Frau Hille, vielen Dank für Ihre Aussage. Einen schönen Tag noch für Sie."

„Danke gleichfalls, Herr Meier."

„So dann schick mir jetzt doch mal unseren Schläger, Tom Kniep, rein. Mal schauen ob er heute aussagen möchte?", rief Herr Meiner seinem Kollegen zu.

Tom sah schlecht aus, er hatte nur wenige Stunden geschlafen, nichts gegessen, nur Wasser getrunken. Er hatte zwar saubere Kleidung an, bis auf seine Leopardenunterhose, war aber nicht geduscht, selbst seine Zähne hatte er noch nicht putzen können. Das schlimmste aber war für Tom, er hatte immer noch den Blutgeruch von Flora in der Nase.

„So, Herr Kniep, möchten Sie sich denn heute zu dem Vorfall vom dritten Oktober äußern?"

„Ja, aber nur im Beisein von meinem Anwalt."

„Ok, der steht Ihnen zu. Dann besorgen Sie sich einen Anwalt und wir sehen uns morgen um 14 Uhr, gleiche Stelle, gleicher Ort. Sie dürfen nun gehen wir haben ihre Daten schon aufgenommen, das Land dürfen Sie nicht verlassen, Herr Kniep. Dann noch einen schönen Tag."

Tom verließ fluchtartig das Polizeirevier.

Herr Lenz hatte eine ruhige Autofahrt hinter sich. Die Autobahn war heute nicht so stark befahren gewesen wie sonst. Ich wusste gar nicht mehr wie schön es an der See riecht, dachte er. Das ist die Adresse von Michaela Sandra Kniep, eine Ferienwohnung. Er klingelte ein paar mal, aber es machte niemand auf. Na ja, dann gehe ich erst einmal einen Kaffee trinken, dachte er sich. Er hatte schon gesehen, dass genau unter der Ferienwohnung ein ansprechendes Café war. Glück hatte er auch, es war noch ein geschützter Platz an der Hauswand frei.

Er saß kaum, da kam eine, wie er fand, gutaussehende Serviererin und fragte nach seinen Wünschen.

„Einen Kaffee und einen Schokoladenkuchen bitte."

„Gerne, bringe ich Ihnen sofort."

Michaela brachte nach wenigen Minuten beides an den Tisch. Herr Lenz schaute sich die Kellnerin noch einmal genau an. Das gibt es doch nicht, solch ein Zufall. Das ist sie, na klar. Laut sagte er: „Frau Kniep nicht wahr? Mein Name ist Lenz und ich bin Privatdetektiv, Ihr Mann hat Sie nach ihrem Verschwinden suchen lassen."

Mir wurde heiß und kalt, irgendwann musste es ja so weit kommen. Geahnt hatte ich es ja schon lange, es war nur eine Frage der Zeit. „Ja, die bin ich."

„Können wir uns nach Ihrem Feierabend unterhalten?"

„Muss ich mit Ihnen reden?", fragte ich.

„Nein, ich bin ja kein Polizist, aber vielleicht kann ich Ihnen helfen, manche Dinge klarer zu sehen. Ich bin nicht Ihr Feind, Frau Kniep, egal, was Sie getan haben oder auch nicht."

„Ok, dann kommen Sie um 18:00 Uhr in meine Wohnung, sie liegt genau über dem Café."

„Dann bis nachher, Frau Kniep."

Herr Lenz nutzte die Zeit, um am Strand spazieren zu gehen und die Seeluft tief einzuatmen. Um 18:00 Uhr klingelte er erneut bei Michaela, diesmal wurde ihm sofort die Tür geöffnet.

„Bitte nehmen Sie Platz. Wie war doch gleich ihr Name?“

„Lenz, wie der Frühling. Frau Kniep, Ihr Mann hat mich beauftragt, Sie zu suchen. Er hat sich große Sorgen gemacht, weil Sie ohne ein Wort gegangen sind. Heute vermute ich etwas ganz anderes, aber nun der Reihe nach. Die Polizei hat nicht mit hoher Dringlichkeitsstufe nach Ihnen ermittelt, weil es keine Anzeichen dafür gab, dass Sie sich das Leben genommen oder einen Unfall erlitten hatten, Sie hatten keinen Abschiedsbrief hinterlassen und so weiter. Die Polizei hat aber sicher erfahren, wie auch ich, dass Sie Ihren BMW in Hannover verkauft hatten. Auch der Bulli-Kauf war bekannt aber dann verlor auch ich Ihre Spur für eine gewisse Zeit. Bis das Einwohnermeldeamt geantwortet hatte. Ja, und nun sitze ich hier, um Sie zu fragen, ob Sie vielleicht geflüchtet sind vor Ihrem Mann, weil er Ihnen Gewalt angetan hat?“

Ich blickte Herrn Lenz, den ich sehr sympathisch fand, mit seiner ruhigen Art zu sprechen direkt an. „Ja, mein Mann schlug mich jahrelang in gewissen Abständen. Er benahm sich wie ein Quartalstrinker. Ich hatte lange Zeit gedacht, ich bin schuld daran, wenn er ausrastete, mich schlug, beschimpfte, mich erniedrigte. Es war einfach nicht mehr auszuhalten. Nach der letzten Prügelattacke beschloss ich zu flüchten. Tom hat mich immer gewarnt, sollte ich ihn verlassen, würde er mich finden, und dann Gnade mir Gott. Ich habe erst durch die Distanz von ihm verstanden, dass nicht ich es war, sondern etwas in ihm selbst, was ihn dazu brachte mich zu schlagen."

Herr Lenz hatte mich nicht einmal unterbrochen sondern schweigend zugehört. „Frau Kniep, Ihr Mann wird von mir nicht erfahren, wo Sie sich aufhalten. Er hat den Vertrag zwischen uns schon längst gekündigt. Ich bin gekommen, um Ihnen meine Hilfe anzubieten, falls Sie zurückkommen möchten, denn Sie haben es Ihrem Mann dadurch sehr einfach gemacht. Sie haben Anspruch am Haus, Vermögen usw. Das aber nur nebenbei. Ihr Mann hat mir gegenüber in einem Satz erwähnt, dass er erleichtert war, dass Sie ihn nicht angezeigt haben. Damals hatte diese Aussage für mich keinen Sinn ergeben. Heute schon, denn Ihr Mann hat eine Prostituierte krankenhausreif geschlagen. Mit Ihrer und meiner Aussage können wir verhindern, dass ein Gericht Ihren Mann freispricht! Der Spielraum für schwere Körperverletzung ist leider in unserer Gesetzgebung sehr groß und beträgt zwischen 6 Monaten und fünf Jahren. Wir beide könnten der Frau helfen. Ich würde ihnen auch behilflich sein, bei einer Wohnungssuche oder wenn Sie lieber in einem Frauenhaus Schutz suchen möchten. Bitte überlegen Sie sich das."

Ich versprach Herrn Lenz, eine Nacht darüber zu schlafen und ihm morgen im Laufe des Tages Bescheid zu geben.

Nachdem der Detektiv gegangen war, rief ich Justus an (immer wenn ich seine Handynummer sah, fragte ich mich, woher kenne ich die Nummer) und fragte ihn, ob er Zeit hätte, zu mir zu kommen. Justus sagte sofort zu und war 15 Minuten später bei mir. Er nahm mich wortlos in den Arm, hielt mich lange fest und gab mir den ersten Kuss, zaghaft und gefühlvoll, auf meinem Mund. Ich erzählte ihm von dem Gespräch mit Herrn Lenz. Justus hörte aufmerksam zu und schnappte mehrmals nach Luft. Das war aber seine einzige Reaktion.. „Was geht in dir vor?", fragte er mich.

„Ich weiß es nicht es ist alles durcheinander in meinem Kopf. Wenn ich jetzt zurück nach Stadthagen fahre, dann muss ich dort bleiben und hier meinen Job aufgeben."

„Wo kommst du her? Aus Stadthagen? Da habe ich mit meiner Frau und meinem Sohn Söhren auch gelebt. Warum sind wir uns dort nie begegnet?"

„Wir hatten keine Freunde“, antwortete ich Justus, „und meinen Job als Bankkauffrau hatte ich doch schon längst aufgegeben.“

„Würde es dir helfen, wenn ich dich begleiten würde nach Stadthagen? Als seelische Unterstützung sozusagen? Du könntest auch gerne bei mir wohnen, meine Wohnung ist groß genug. Du musst nicht in ein Frauenhaus gehen, ich kann auch auf dich aufpassen. Michaela, ich glaube, der Privatdetektiv hat Recht. Stell dir mal vor, dein Mann bekommt nur ein paar Monate. Die Strafe für sein Handeln dir gegenüber würde er nie bekommen. Das wäre auch für dich eine Art Wiedergutmachung.“

Mir kullerten die Tränen, ich wollte das gar nicht, aber sie liefen einfach an meiner Wange runter. Justus nahm ein Taschentuch, trocknete jede Träne einzeln und sprach: „Wein dich ruhig aus, viel zu lange hast du die Starke gespielt, lass einfach alles raus.“

Ich konnte einfach nicht mehr aufhören, nun schluchzte ich aus tiefster Seele. Justus stand auf und holte mir ein Glas Wasser. Er holte neue Taschentücher und sprach kein Wort. Irgendwann legte ich mich vor Erschöpfung einfach hin. Als ich nach etwa einer Stunde aufwachte, saß Justus am Ende des Sofas, meine Beine lagen auf seinen angewinkelten Beinen und er hatte mich zugedeckt. Ich setzte mich aufrecht hin. „Du bist ja noch da?“

„Ich habe doch gesagt, ich passe auf dich auf“, antwortete Justus mit einem verschmitzten Lächeln.

„Ach, Justus, du bist lieb.“

8
Abschied

Am nächsten Morgen rief ich Maren an, um ihr mitzuteilen, dass ich zurückkommen und das Angebot annehmen würde, bei Justus und Brutus in Stadthagen zu wohnen.
„Ich freue mich auf dich, Sandra!“
„Kannst du dich an meinen neuen Namen denn so gar nicht gewöhnen?“
„Fällt mir schwer, aber ich werde es versuchen. Pass auf dich auf, liebe Michaela!“

Dann rief ich Herrn Lenz, den Privatdetektiv, an und teilte ihm mit, dass ich heute noch nach Stadthagen zurückfahren, ich aber vorübergehend bei einem Freund wohnen würde. Ich gab ihm meine Handynummer für eventuelle Rückfragen. Nun kannten vier Personen meine Handynummer: Maren, Justus, Carola und Herr Lenz. Ich bedankte mich bei Herrn Lenz für seine angebotene Unterstützung.

Danach ging ich zu Carola, zu meiner zweiten besten Freundin. Ich verabschiedete mich schweren Herzens von Carola und versprach, meinen nächsten Urlaub in der Ferienwohnung zu verbringen. Da die Saison fast zu Ende war, brachte ich mit meiner Kündigung Carola nicht in Schwierigkeiten. Wir umarmten uns lange und schweigend. „Dass dich ein Geheimnis umgibt, wusste ich schon am ersten Tag, als du hier angekommen bist. Pass auf dich auf, Michaela, und grüß mir Justus und Brutus. Ich nehme an, dass die beiden dich begleiten werden?“

Ich nickte. „Carola, wir hören voneinander! Bis bald.“

Justus hatte meine wenigen Habseligkeiten schon in seinem Auto verstaut. Schweigend verließen wir Scharbeutz. Jeder hing seinen Gedanken nach.

Tom erschien gewaschen, rasiert und pünktlich mit seinem Anwalt auf dem Polizeirevier, um seine Aussage zu tätigen.

Oberkommissar Meier stellte sein Diktiergerät an. „Aussage von Herrn Tom Kniep, im Beisein seines Rechtsbeistands, Herrn Franz. So, Herr Kniep, dann erzählen Sie uns mal Ihre Sicht des Tatherganges.“

Tom sprach mit tiefer, fester Stimme. „Ja, also, ich hatte mir aus dem Internet die Prostituierte Flora ausgesucht und mit ihr einen Termin für den 03. Oktober bei mir zuhause ausgemacht Ich hatte beim Partyservice Tapas bestellt. Dazu tranken wir Rotwein. Kurz darauf gingen wir in mein Schlafzimmer und zogen uns aus. Danach hatte ich leider einen Filmriss ich kann mich an nichts erinnern.“

„Hm, wissen Sie, dass Sie den Rettungswagen gerufen haben?“, fragte Herr Meier.

„Nein, ich kann mich an nichts mehr erinnern. Meine Erinnerung setzt erst wieder ein, als ich am nächsten Morgen in der Untersuchungshaft aufgewacht bin.“

„Wie viel Rotwein hatten Sie denn zum Essen getrunken?“

„Zwei, drei Gläser“, antwortete Tom.

„Die Blutuntersuchung hat ergeben, dass Sie ein Promillegehalt von 0,9 Prozent im Blut hatten. Herr Kniep, 0,9 Promille verursacht keinen Filmriss, da gibt mir Ihr Anwalt bestimmt recht.“

„Nun ja, vielleicht hat Flora mir ja etwas in den Rotwein geschüttet?“

„Wer hat dann Flora Ihrer Meinung nach so zugerichtet, wenn nicht Sie?“

„Ich weiß es doch auch nicht“, antwortete Tom.

„Die Rettungssanitäter haben an dem Abend zu Protokoll gegeben, dass Sie immer wieder gesagt hätten, ich wollte das nicht. Wie erklären Sie sich das?“

„Kann ich doch auch nicht.“

„Herr Kniep, sind Sie Frauen gegenüber schon mal hangreiflich geworden?“

„Nein, natürlich nicht!“

„Kennen Sie Nadine vom Escort-Service?“

Tom begann zu schwitzen. „Ja, die kenne ich. Nadine war ein paar Mal bei mir zuhause. Ist es jetzt schon verboten, sich Prostituierte nach Hause zu bestellen?“

„Nein, natürlich nicht, Herr Kniep. Nur Nadine hat Sie angezeigt wegen Vergewaltigung. Wie können Sie sich das denn erklären? Oder wollen Sie mir nun sagen, Nadine hätte Ihnen auch etwas ins Champagnerglas geschüttet?“

Nun sprach der Rechtsanwalt Franz das erste Mal. „Könnte ich bitte kurz mit meinem Mandanten alleine sprechen?“

„Ja, dann hole ich uns mal einen Kaffee, ich denke, es wird noch etwas dauern mit der Vernehmung.“

„Sind Sie noch zu retten?“, fuhr Herr Franz Tom an. „Wie oft habe ich Sie gefragt ob es noch andere Frauen gab, die Sie jetzt aufgrund des Zeitungsartikels anzeigen könnten? Sie haben das verneint. Also raus mit der Sprache, wie oft hatten Sie sich nicht unter Kontrolle? Mensch Herr Kniep, wenn Sie hier nur Scheibchenweise Ihre Taten gestehen, wird das bei Gericht keinen guten Eindruck hinterlassen.“

„Mit Nadine das gehörte doch eher zu unseren Sexspiel dazu, das macht mich halt an?“

„Warum ist Ihre Frau weg?“

„Keine Ahnung."

„Herr Kniep, Sie werden jetzt genau sagen, was passiert ist. Nur dann kann ich für Sie Bewährung rausholen. Verstehen Sie das?"

„Ja, ok, ich habe es verstanden."

In diesem Moment kam Herr Meier mit frischen Kaffee ins Büro zurück.

„So, Herr Kniep, wie war das nun?"

„Ja, bei Nadine und mir gehörte das einfach dazu. Ich dachte, dass Flora auch wüsste, worauf Männer stehen. Flora hat mich beleidigt wegen meiner Boxershorts, sie hatte ein Leopardenmuster. Daraufhin habe ich sie geschubst und einmal zugeschlagen."

„Wollen Sie mir erzählen, dass die schweren Verletzungen von einmal zuschlagen stammen?"

Wortlos legte Herr Meier die Fotos aus dem Krankenhaus von Flora vor. „Oh Gott wer war das? Das kann ich nicht gewesen sein!"

Herr Meier sah Herrn Franz, den Rechtsanwalt, an und schüttelte den Kopf. „Herr Kniep wird ab jetzt keine Angaben mehr machen, wir werden uns ein psychologisches Gutachten erstellen lassen und werden uns dann sicher alle vor Gericht wiedersehen", sprach Herr Franz und verließ mit Tom das Polizeirevier.

„Nee, ist schon klar … unzurechnungsfähig? Wenn die beiden sich da mal nicht täuschen“, sprach Herr Meier eher zu sich selbst.

Florence Martin, genannt „Flora“ hatte Tom Kniep noch im Krankenhaus wegen schwerer Körperverletzung angezeigt. Sie war auf dem Weg der Besserung, und auch wenn es bis zur Heilung der seelischen und körperlichen Wunden noch ein weiter Weg war, war ihr bewusst, dass Tom nicht straffrei davonkommen durfte.

Justus und ich kamen ohne größere Staus in Stadthagen an. Justus hatte eine tolle Altbauwohnung mit Blick auf den Stadtpark. Sein Einrichtungsstil war klassisch mit schönen alten Möbeln aus Mahagoni. Das Wohnzimmer war riesengroß. Die Wände waren in einem leichten Blauton gestrichen. Dazu die Mahagonimöbel und ein dunkelblaues Sofa, welches mich an meine Ferienwohnung erinnerte. Die Wohnküche war mit einem bunten Sofa ausgestattet. Im Mahagonibuffetschrank war das Geschirr untergebracht. Ein großer Esstisch mit vier Stühlen, die wunderschön verschnörkelt waren, machte die Küche urgemütlich. Justus‘ Schlafzimmer war in altrosa gestrichen, die Möbel hier waren alle weiß. Hier hingen viele Fotos von Söhren, der seinem Vater sehr ähnelte, wie ich fand. Ich fragte mich, ob das

Schlafzimmer wohl Justus‘ Ex-Frau eingerichtet hatte. Ich fand es sehr geschmackvoll, aber für einen Mann halt ungewöhnlich. Dann zeigte Justus mir sein Gästezimmer, welches für mich bestimmt war. Es lag gleich neben seinem Schlafzimmer. Es war in einem warmen Pistaziengrün gestrichen, mit einem französischen Bett aus Messing und einer geblümten Tagesdecke, darauf lagen kleine und große Kissen verteilt, und einem Kleiderschrank sowie einem kleinen Sekretär.

„Justus, wie schön geschmackvoll du lebst, hier werde ich mich bestimmt wohlfühlen.“ Ich machte einen Schritt auf Justus zu, um ihn zu umarmen, Justus zog mich ganz langsam an sich heran und hauchte mir ins Ohr: „Willkommen in deinem neuen Leben.“

Maren rief mich an diesem Abend noch an, um mich zu fragen, ob ich gut angekommen war. Ich erzählte ihr von Justus‘ schöner Wohnung und dass ich mich sehr wohl bei ihm fühle. Maren freute sich sehr mit mir. Ich erzählte Maren aber auch, dass ich große Angst hätte, Tom zu begegnen. Ich versprach ihr, mich in den nächsten Tagen bei ihr zu melden.

Die erste Nacht in Justus‘ Wohnung schlief ich sehr gut. Brutus lag in meinem Zimmer und passte auf mich auf. Als ich wach wurde am nächsten Morgen, hatte Justus schon den Frühstückstisch gedeckt, mit Ei, frischem Lachs, Marmelade, Honig, Käse und Obst.

„Erwartest du noch jemanden zum Frühstück?“, fragte ich lachend.

„Nein, ich wusste nur nicht, was du gerne isst.“

„Ach Käse und Obst ist völlig ausreichend und natürlich Kaffee.“

„Na dann nimm Platz. Hast du gut geschlafen, Michaela?“

„Oh ja, wie ein Stein. Ich fühle mich sehr wohl bei dir.“

„Ich genieße, dass wieder Leben in der Wohnung ist. Ich vermisse Söhren schon sehr. Er hatte sein Schicksal sehr tapfer ertragen. Er war wirklich unglaublich tapfer. Besonders schlimm war für mich, dass er nur in Amerika eine Chance auf eine Spezialbehandlung hätte bekommen können, die aber für uns viel zu teuer war. Wir konnten uns die einfach nicht leisten.“

„Hättet ihr euch denn keinen Kredit aufnehmen können?“

„Liebe Michaela, wir reden hier von fast 300.000 Tausend Euro mit Flug Privatbehandlung und vor allem die Nachsorge.“

„Ach Justus, ich habe Geld auf der Bank, seit Monaten und habe nichts damit gemacht. Wie viel schöner wäre es gewesen, ich hätte Söhren damit das Leben retten können.“ Ich sah Justus an, wie ihn die Erinnerung an Söhren einholte und er mit den Tränen kämpfte.

„Nun kümmern wir uns aber lieber mal um dich. Möchtest du, dass ich dich zum Polizeirevier begleite, Michaela?“

„Ja, gerne, wenn ich noch zu Ende frühstücken darf?“

Nach dem Frühstück gingen wir zum Polizeirevier. Ich sagte meinen Namen und alle schienen bereits zu wissen, worum es ging. Das war ein beklemmendes Gefühl. Justus und ich durften Platz nehmen in einem sterilen Vernehmungsbüro, wie man es aus den Krimis kennt, ein Tisch, drei Stühle. Dann kam Herr Oberkommissar Meier in den Raum, stellte sich kurz vor und bat uns, ihm gegenüber Platz zu nehmen. „Ja, Frau Kniep, mich freut es ganz besonders, dass Sie mir heute gegenübersitzen. Ich hatte nach den letzten Ereignissen schon arge Befürchtungen, Sie überhaupt nicht kennenzulernen. Ihr Mann hatte Sie im Juli bei uns auf dem Revier als vermisst gemeldet, das ist Ihnen sicher bekannt, oder?“

„Ja, der Privatdetektiv Herr Lenz hat mich in Scharbeutz aufgesucht und hat mir alles erzählt.“

„Na dann, umso besser.“

„Was kann ich denn für Sie tun?“

„Herr Meier, ich möchte meinen Mann Tom wegen Körperverletzung anzeigen. Ich habe durch

Herrn Lenz erfahren, dass mein noch-Ehemann einer Frau sehr schwere Verletzungen zugefügt hat. Mein Mann Tom hat mich während der Ehe immer wieder geschlagen und erniedrigt. Nach dem letzten Mal, im Mai, beschloss ich, meine Flucht vorzubereiten, um ein neues Leben anzufangen.“

„Gibt es Zeugen für die Misshandlungen?“

„Ja, ich hatte meine beste Freundin Maren damals gebeten, Fotos von mir zu machen.“

„Das ist zwar ganz schön, aber besser wäre gewesen, Sie wären zum Arzt oder ins Krankenhaus gefahren, dann hätten wir einen ärztlichen Bericht“, warf Herr Meier ein.

„Meine Freundin Maren hatte mir auch dazu geraten, im Krankenhaus vorstellig zu werden, doch ich wollte nicht, dass ein Arzt meine Misshandlung an die Polizei weiterleitet. Dann hätte ich nie gehen können, um ein neues Leben anzufangen, und wer weiß, was dann mit mir geschehen wäre.“

„Okay, es ist, wie es ist“, sprach Herr Meier. „Dann lassen Sie uns mal die Anzeige aufnehmen.“

Ich erzählte Herrn Meier, was damals geschehen war, und auch, dass Tom nicht zum ersten Mal die Hand ausgerutscht war. Zum Schluss bat mich Herr Meier noch um Marens und Herrn Lenz‘ Adresse für eine schriftliche Vorladung zur Vernehmung auf dem Revier. Herr Meier fand es enorm wichtig, dass Tom Herrn Lenz gegenüber diese Aussage mit der Anzeige getroffen hatte. Ich unterschrieb das Protokoll und hatte das Gefühl, ich unterschreibe mein Todesurteil. Justus nahm meine Hand und wir verließen das Polizeirevier.

„Michaela du warst sehr tapfer heute. Du wirst sehen, es wird alles gut."

„Ich habe Angst vor Tom, er kann sehr jähzornig werden. Ich hatte mich in Scharbeutz viel sicherer gefühlt. Ich vermisse die Ostsee und auch Carola. Hier in Stadthagen kommen so viele unschöne Erinnerungen hoch."

„Komm wir gehen noch eine Runde durch den Stadtpark."

„Oh nein, ich mag nicht. Bitte lass uns zu dir gehen."

Den Rest des Weges gingen wir schweigend, Hand in Hand, in Justus' Wohnung. Brutus gab seinen Unmut laut bekannt, weil wir ihn nicht mitgenommen hatten. Zur Belohnung streichelte ich ihn eine ganz Weile. Justus beobachtete uns und lächelte. „Söhren würde sich freuen, wenn er dich so sehen könnte." Justus kam auf mich zu und nahm mich einfach in den Arm. Er hielt mich sanft und strich mir meine Haarsträhne aus meinem Gesicht, hob mein Kinn etwas an und küsste mich zärtlich. Mir lief es eiskalt den Rücken runter, wann hatte ich das letzte Mal so etwas Schönes gespürt? Ich erwiderte den Kuss und spürte, wie aus der Zärtlichkeit Leidenschaft wurde. Justus hielt mich fester, fast, als wollte er mich nie wieder loslassen. Seine Hand streichelte nun meinen Nacken.

„Stopp!“, schrie ich. „Nein, nein, nein!“ Mir kamen die Tränen, ich löste mich aus Justus‘ Armen und spürte die nackte Angst.

„Was ist los Michaela? Was habe ich gemacht? Was war falsch?“

„Justus“, schluchzte ich, „ich weiß es nicht, aber plötzlich, als du meinen Nacken gestreichelt hast, da spürte ich Tom und nicht dich! Bitte verzeih, dass ich diesen schönen Moment zerstört habe.“

„Da gibt es nichts zu verzeihen“, antwortete Justus. „Ich habe viel Zeit, ich kann warten, so lange, bis du mich siehst und Tom vergessen hast. Ich bin seit unserer ersten Begegnung am Strand schon in dich verliebt. Ich traute mich aber nicht, dir das zu sagen, weil ich ja wusste, du bist verheiratet und nicht frei. Ich muss mich eher entschuldigen, aber ich bin so gerne mit dir zusammen und ich fühle mich sehr zu dir hingezogen.“ Und das sprach Justus sehr, sehr leise aus: „Michaela, ich begehre dich!“

Tom hatte wie schon öfter in letzter Zeit verschlafen. Der viele Wein, spät zu Bett gehen, ließ Tom unzuverlässig werden. Er vergaß Kundentermine, rief Kunden nicht zurück, auch wurde er zunehmend ungepflegter. Er hatte jeden Tag schlechte Laune. Post stapelte sich auf seinem Schreibtisch, genauso hoch wie das Geschirr in der Küche. Frau Hille, seine Haushälterin, hatte nach dem Zeitungsbericht gekündigt und eine neue Hausdame hatte er noch nicht gefunden, weil er sich gar nicht aufraffen konnte, überhaupt jemanden zu suchen.

Tom trank gerade einen Kaffee, um ein wach zu werden, da klingelte sein Handy und sein Chef, Herr Brackenhammer, war am Apparat. „Mensch, Herr Kniep, warum antworten Sie nicht auf die Abmahnung, die ich Ihnen geschickt habe? Sie haben doch den Empfang bestätigt?"

„Ach so, ja, habe ich hier noch liegen. Wissen Sie was soll der Mist mit der Abmahnung? Wir wissen doch beide, dass sie mich loswerden wollen, also nur zu!"

„Herr Kniep, so ist es auch nicht. Sie sind ein guter Versicherungsmakler, aber wenn die Kunden Ihren Namen hören, wollen sie einen anderen Mitarbeiter zur Beratung. Seit der Zeitungsanzeige sind Sie bekannt wie ein bunter Hund. Sie sind für mich einfach nicht mehr tragbar. Ich schlage vor, Sie kommen heute noch in der Versicherungs-Agentur vorbei und unterschreiben ihren Aufhebungsvertrag.“

„Ganz, wie Sie meinen, wann soll ich da sein?“

„15 Uhr, ist das ok für Sie?“

„Ja, das sollte ich schaffen.“

Tom stöhnte auf. An allem war nur Sandra schuld.

9
Von der Scheidung zum Geständnis

Justus begleitete mich am nächsten Tag zum Scheidungsanwalt. Der Anwalt war sehr zuversichtlich, dass ich schnell von Tom geschieden werden würde, da wir keine Kinder hatten. Aus diesem Grund entschloss ich mich, auf Unterhalt zu verzichten.

„Bei Ihnen und Ihrem Mann ist das eine reine Formsache. Das Vermögen ist schnell aufgeteilt." Also reichte er die Scheidungsunterlagen beim Amtsgericht Stadthagen ein. „Ihrem Mann werden die Unterlagen sicher schon in zwei Tagen zugeschickt werden. Ich brauche nur noch Ihre Adresse."

Ich gab Justus' Adresse an. Ich war unheimlich stolz auf mich, dass ich diesen Schritt nun gewagt hatte. Justus lud mich zur Feier des Tages zum Mittagessen ein. Ich wollte nicht direkt in Stadthagen essen gehen, weil ich einfach noch nicht so weit war, Tom eventuell zu begegnen. Also fuhren wir nach Nienstädt und aßen dort zu Mittag, Gut bürgerliche Küche und so war es auch! Wir bestellten Bratkartoffeln mit Leberkäse und Spiegelei

„Nun fehlt dir nur noch ein Job, oder?", fragte mich Justus.

„Ich weiß es ehrlicherweise noch nicht. Geld zum Leben habe ich aber zum Glück noch."

„Kann deine Freundin Maren nichts für dich arrangieren?"

„Du meinst, ob ich in der Bank wieder anfangen könnte zu arbeiten? Ich glaube, das schaffe ich nicht mehr. Den Anschluss habe ich doch längst verpasst."

„Das kann man doch alles lernen. Du könntest doch auch Kurse besuchen? Frag doch mal deine Freundin Maren. Vielleicht hat sie ja Lust, in den nächsten Tagen auf ein Glas Wein zu uns zu kommen?"

Das Wort „uns" war Musik in meinen Ohren. Ich rief Maren noch am selben Tag an und lud sie zu uns ein. Maren freute sich sehr über die Einladung und sagte zu.

Tom erschien wirklich pünktlich in der Versicherungsagentur und unterschrieb seinen Aufhebungsvertrag. Herr Brackenhammer wünschte Tom alles Gute für die Zukunft. Tom grinste nur. Mit dem Aufhebungsvertrag ging Tom direkt zur Agentur für Arbeit, um sich arbeitslos zu melden. Nachdem er volle zwei Stunden gewartet hatte, bis er an die Reihe kam, war seine Laune schon wieder auf dem Nullpunkt angelangt. Naja, Hauptsache, es kommt etwas Geld ins Haus, dachte er. Seine Ausgaben, das war Tom klar, musste er in der Zukunft schlanker gestalten. Die Provisionen fielen nun weg und das Grundgehalt war nicht üppig. Wovon Sandra wohl lebt?, fragte er sich. Es erfolgte seit ihrem Verschwinden keine Abbuchung auf dem Konto mehr. Als Tom wieder zu Hause angekommen war, öffnete er wie immer als erstes den Briefkasten, nahm die Post heraus und legte sie ungeöffnet auf seinen Schreibtisch. Dabei rutsche ein Brief auf den Fußboden. Tom las den Absender. Der Brief war von seinem Anwalt Herrn Franz. Tom riss den Brief einfach mit seinem Finger auf und las laut vor, „In der Strafsache, wegen, schwerer Körperverletzung … wird die Gerichtsverhandlung auf den 12. Dezember im Amtsgericht Stadthagen festgesetzt.“ So ein Mist, dachte Tom, als es gerade an seiner Haustür klingelte. Tom öffnete die Tür, vor ihm stand der Postbote von Citipost. „Guten Tag, Herr Kniep, ich habe hier ein Einschreiben mit Rückschein für Sie, Bitte quittieren Sie den Erhalt hier unten.“

Tom unterschrieb wortlos und nahm den Brief in Empfang. Wieder wurde der Brief von Tom nur mit dem Finger aufgerissen. „In der Sache Kniep gegen Kniep, Scheidungstermin …“ Wow, Frau Kniep möchte sich von Herrn Kniep scheiden lassen. Wo wohnt denn Frau Kniep heute? In Stadthagen in der Nähe vom Stadtpark? Das hätte ich nicht vermutet. Vielleicht sollte er Sandra mal einen Besuch abstatten?

„Michaela, du bist so still? Ist etwas?“

„Nein“, antwortete ich. „Ich genieße die Stille, die Vertrautheit zwischen uns und frage mich warum ich so lange mit der Scheidung gewartet habe.“

„Das kann ich dir sagen, meine Liebe, weil das, was zwischen uns passiert, Schicksal ist. Wir sollten uns treffen! Ich bin davon fest überzeugt.“

Justus legte den Arm um mich. Wir saßen noch eine Zeit lang schweigend auf dem Sofa, dann zog Justus meinen Kopf zu sich und küsste mich zart und einfühlsam auf meine Lippen. Ich erwiderte den Kuss, ein angenehmer Schauer ging durch meinen Körper. Justus presste sich an meinen Körper. Ich konnte seine Erregung spüren. Unsere Küsse wurden intensiver und leidenschaftlicher und auch ich sehnte mich danach, Justus intensiver zu spüren. Justus stand plötzlich vom Sofa auf, zog mich hoch, nahm mich auf seinen Arm und trug mich in sein Schlafzimmer. Ich umschlang seinen Nacken mit beiden Armen.

„Michaela, hier wird nichts passieren, was du nicht auch möchtest.“

Sanft ließ Justus mich auf sein Bett nieder und begann mich ganz, langsam auszuziehen, zwischendurch nahm er immer wieder meinen Kopf in seine Hände und küsste mich zärtlich. Ich mochte den Duft seiner Haut, seine Muskeln, die sich an- und entspannten, den Rhythmus den unsere Körper uns vorgaben. Seine zärtlichen weichen Hände, die meinen Körper erforschten, meinen Bauch streichelten, ohne dass ich seine Hände wegziehen musste, weil unangenehme Gefühle hochkamen. Ich genoss die Vertrautheit, das Wissen, dass Justus sehr vorsichtig mit meinem Körper umging, als wäre er etwas Besonderes. Ich spürte Lust, ihn zu berühren, zärtlich zu sein, ihn zu erregen, seine Lust zu steigern. Ich hörte, wie Justus schneller atmete, aber nicht stöhnte, sondern lediglich schneller atmete. Unsere Körper verschmolzen, sie wurden eins. Ich wünschte mir, dass das nie vorbeigehen würde!

Nach einer Nacht voller Liebe starteten wir in den neuen Tag.

Am Abend klingelte es an Justus' Wohnungstür. „Ich mache schon auf", rief ich voller Vorfreude und riss fast die Tür auf. Vor mir stand Maren und lachte. „Ich habe mich so sehr auf dich gefreut!"

„Komm doch bitte herein, Maren. Komm, ich nehme dir den Mantel ab."

„Lass dich erst einmal richtig drücken", witzelte Maren. „Gut schaust du aus, liebe Sandra Michaela. Wie lange haben wir uns schon nicht mehr gesehen?“

„Frag lieber nicht. Komm, ich stelle dir Justus vor“, sprach ich. „Justus, das ist meine beste Freundin Maren.“

Justus sah Maren an und wurde weiß wie eine Wand. Maren ging einen Schritt zurück, so, als hätte sie einen Geist gesehen, und ich dachte, was passiert denn hier gerade bei den beiden?“

Maren fand als erstes ihre Sprache wieder. „Du bist Justus? Du bist der Bote, der überfallen wurde, stimmt‘s? Du heißt Justus Berg und hast bei der Großspedition als Bote gearbeitet. Oh, mein Gott!“

„Ja, der bin ich. Ich wusste nicht, dass du die Mitarbeiterin aus der Bank bist. Ich kenne doch nur deinen Nachnamen!“

„Kann mir bitte einer von euch beiden erklären, was hier los ist? Ich verstehe im Moment gar nichts.“

Justus schaute Maren an und sprach: „Bitte, darf ich Maren zu dir sagen? Nimm doch Platz.“

„Ich glaube, ich möchte lieber gehen. Nachher denkt die Polizei noch, wir stecken unter einer Decke!“

„Nein, was soll das denn alles! Wieso Polizei? Bitte, Maren, setz dich doch und lass uns reden.“

Maren nahm auf dem Sofa Platz. Justus stand

immer noch mitten im Wohnzimmer. Ich holte, warum auch immer, den Wein und setzte mich anschließend neben Maren.

„So, nun schlage ich vor, Justus, du setzt dich auch erst einmal. Wir sind doch erwachsene Leute. Also, woher kennt ihr euch?“

Beide fingen gleichzeitig an zu erzählen und mussten dann lachen.

„Ok, wer von euch beiden fängt mit dem Erzählen an?“

Justus nahm auf dem Stuhl uns gegenüber Platz und begann. „Ich habe bei einer Großspedition gearbeitet als Bote für verschiedene Abteilungen. Am 15. Mai hatte ich den Auftrag bekommen, eine Bareinzahlung über 500.000 Euro bei unserer Hausbank vorzunehmen. Von diesem Vorhaben wussten nur unsere Buchhalterin, ich und die Bank. Ich habe vor der Bank wegen einer Tagesbaustelle keinen Parkplatz bekommen, so parkte ich kurz vor dem Stadtpark, nahm die Abkürzung durch den Park und da geschah es auch schon. Ein Motorradfahrer in Motorradkombi ganz in schwarz, mit Helm, kam direkt auf mich zu, zog eine Waffe und befahl mir, ihm das Geld auszuhändigen. Ja, das war es auch schon. Ich bin dann zur Bank gelaufen, habe dort Maren gesehen und sie gebeten, die Polizei zu verständigen, während ich bei uns in der Buchhaltung angerufen und von dem Raubüberfall erzählt habe. Soweit ich weiß ist das Geld nie wieder aufgetaucht.“

„Justus, dir ist aber schon bekannt, dass wir von der Bank auch alle unter Verdacht standen?“

„Ja, Maren das konnte ich mir schon denken“, antwortete Justus.

Ich sagte zu dem Gehörten nichts Mir wurde nur schlecht. Sollte ich jetzt etwas sagen? Ich war doch irgendwie ein Puzzleteil von dem Ganzen. Ich beschloss, erst einmal zu schweigen. Laut sagte ich: „Naja, dann ist doch jetzt alles geklärt und wir können zum gemütlichen Teil des Abends übergehen, oder spricht etwas dagegen?“

Justus sah Maren an, erhob sein Glas und sprach: „Schön, dass die Angelegenheit für uns geklärt ist!“

Nach dieser etwas aufregenden Begrüßung wurde es ein schöner Abend. Wir erzählten viel von Scharbeutz, dem schönen Strand und von Brutus‘ stürmischer Begrüßung bei unserem Kennenlernen. Während ich von Scharbeutz erzählte, stand für mich schon im Laufe des Abends fest, dass ich Maren nicht nach einem Job in der Bank fragen würde.

Als Maren gegangen war, bat ich Justus noch einen kleinen Moment mit mir im Wohnzimmer sitzen zu bleiben. Justus schenkte den Rotwein nach und setzte sich zu mir auf das Sofa.

„Justus, ich weiß nicht richtig, wie ich anfangen soll, aber ich möchte, dass nichts, aber auch gar nichts zwischen uns steht.“

„Na, du machst es aber spannend!“

„Am 15. Mai war ich im besagtem Stadtpark und habe mein Eis auf einer Bank gegessen. Als ich den Pappbecher entsorgt hatte, sah ich im Mülleimer eine mir bekannte Botentasche von der Bank. Ich habe die Tasche mit nach Hause genommen und festgestellt, dass sich darin 500.000 Euro befanden. Ich habe das Geld nicht abgegeben und auch nicht zur Polizei gebracht. Ich habe es einfach behalten, um ein neues Leben anzufangen. Als ich Wochen später deine Anzeige in der Zeitung unter der Rubrik *Verloren: Grüne Plastiktasche mit Zipp Reißverschluss verloren am 15. Mai im Stadtpark. Finderlohn wird gezahlt! Tel.+49152371899466* gelesen hatte, konnte ich mich auch da nicht bei dir melden. Ich wollte das Geld unbedingt für meinen Neuanfang! Als du mir in Scharbeutz deine Handynummer gegeben hattest, kam sie mir irgendwie bekannt vor, aber ich wusste wirklich nicht mehr, wie ich die Telefonnummer zuordnen sollte. Heute Abend ist mir klar geworden, es gab gar keinen Raubüberfall, du hast den Überfall fingiert. Stimmt das, Justus?“

Justus unterbrach mich. „Was hast du getan?

Bist du dir dessen nicht bewusst gewesen? Mein Gott, wegen dir ist Söhren gestorben, du bist Schuld an seinem Tod. Du ganz alleine. Das Geld war doch nicht für mich, sondern für Söhren und für seine Behandlung in Amerika. Du hast ihm die Chance auf ein Leben genommen. Warum nur, warum? Söhren hatte keine Chance, weil du ein neues Leben anfangen wolltest? Warum musste ich dir begegnen? Du hast nicht nur Söhrens Leben zerstört, sondern meins auch gleich."

„Justus, bitte, ich wusste doch gar nicht, von wem das Geld war."

Justus saß völlig zusammengebrochen vor mir mit einem Blick der Verachtung. Ich stand wortlos auf, ging in das Gästezimmer, packte meine wenigen Habseligkeiten zusammen und verließ die Wohnung, ohne mich von ihm zu verabschieden."

Tom hatte den letzten Schluck Rotwein gerade ins Glas gegossen, als ihm die Idee kam, er könnte doch mal Sandra in ihrem neuen Zuhause besuchen. Schließlich war sie ja immer noch seine Frau. Er beschloss, sich nicht umzuziehen, Jogginghose und Sweatshirt sollten reichen. Die wird Augen machen, dachte er gerade, als er aus dem Auto ausstieg. Ach, hier ist es ja schon, c/o. Justus Berg. Tom klingelte Sturm. Justus öffnete die Tür nur einen Spalt. „Ja, bitte."

„Mein Name ist Tom Kniep, ich möchte gerne meine Frau Sandra sprechen."

„Das tut mir leid, Herr Kniep, Michaela lebt nicht mehr hier."

„Wollen Sie mich verarschen, Sie Schnösel? Sie will sich von mir scheiden lassen und hier steht ihre neue Adresse drauf."

„Das mag sein, Herr Kniep, aber Michaela ist heute ausgezogen!"

Tom stellte seinen Fuß in die Tür, um sich Zutritt zu verschaffen."

„Ich bitte Sie jetzt höflich zu gehen, Herr Kniep."

„Nein, ich will nachsehen, wo sie ist." Tom rief mehrmals laut nach Sandra. Der Nachbar von gegenüber öffnete die Tür und bat Justus seine Hilfe an. „Die Polizei habe ich schon angerufen, die wird gleich hier sein."

„Spinnt ihr alle?", rief Tom. „Ich will doch nur zu meiner Frau!"

Tom schubste Justus in die Wohnung. Brutus, der etwas feige hinter der Tür gewartet hatte, sprang Tom plötzlich an und biss ihm ins Bein. In diesem Moment erschien die Polizei. Im Treppenhaus herrschte Chaos. Tom, der vor Schmerzen schrie, Brutus, der nicht aufhören wollte zu bellen. Nachdem die Polizei alle Personalien aufgenommen und festgestellt hatte, dass Toms

Bissverletzung nicht so schlimm war er und keinen Rettungswagen benötigte, löste die Polizei die Versammlung vor Justus‘ Tür auf. Justus ging zurück in seine Wohnung. Er brauchte dringend Ruhe. Dieser Abend war einfach zu viel für ihn.

Ich war ins nächst gelegene Hotel gegangen. Hauptsache ein Bett für heute. Was war das für ein Tag? Ich konnte nicht aufhören zu weinen. Warum hatte Justus mir nicht bis zum Ende zugehört? Warum machte er mich für den Tod von Söhren verantwortlich? Ja, vielleicht hatte ich mich unwissentlich mitschuldig gemacht. Meine Gedanken kreisten, irgendwann gegen Morgen schlief ich endlich ein.

Als ich nach wenigen Stunden Schlaf erwachte, stellte ich fest, dass Justus mir fehlte. Ich war traurig. Wieder einmal überlegte ich, wie mein Leben weitergehen sollte. Ich wollte wieder glücklich sein. Wo ging das besser als in Scharbeutz bei Carola? Ich rief Carola sofort an und fragte, ob sie, wenn die Saison wieder beginnen würde, meine Hilfe bräuchte. Carola konnte es gar nicht fassen vor Freude. „Michaela ich möchte nicht indiskret sein, aber kommt Justus nicht mit?“

„Nein, Carola, wir haben uns getrennt. Es sollte wohl nicht sein.“

„Ach, Michaela, wie schade.“

„Carola, könntest du mir bitte bei der Wohnungssuche behilflich sein? Ich möchte für immer in Scharbeutz bleiben. Die Ferienwohnung ist mir, nicht böse sein, aber auf Dauer, zu klein."

„Na, klar helfe ich dir, eine schöne Wohnung zu finden. Das bekomme ich hin. Für wann denn?"

„Das ist mir egal, wenn sie schön ist und bezahlbar, würde ich sie auch schon ab nächsten Monat nehmen. Ich muss ca. noch acht Wochen in Stadthagen bleiben. Mein Scheidungstermin ist in einer Woche und da besteht ja Anwesenheitspflicht. Danach wird auch der Gerichtstermin gegen Tom sein, da muss ich als Nebenklägerin aussagen. Ja, und wenn ich dann zu dir komme, werde ich mit einem Umzugsunternehmen kommen. Das muss ich auch organisieren."

„Fühl dich ganz lieb gedrückt Michaela, ich melde mich und sende dir Fotos, wenn ich eine Wohnung für dich gefunden habe."

Tom erwachte mit Kopfschmerzen. Wieder einmal hatte er zu viel Alkohol getrunken. Er stellte sich unter die eiskalte Dusche und ließ das Wasser über seinen Körper laufen. Heute werde ich Sandra wiedersehen, heute werde ich geschieden, dachte er.

Tom erschien gepflegt und pünktlich mit seinen Anwalt zum Gerichtstermin. Er sah Sandra sofort in einem Gespräch vertieft, wahrscheinlich mit ihrem Anwalt, dachte er sich. Die Anwälte kannten sich und gaben sich fast freundschaftlich die Hand.

„Guten Morgen, Sandra."

„Michaela", verbesserte ich Tom. „Guten Morgen, Tom", erwiderte ich seinen Gruß und reichte ihm meine Hand.

Dann wurden wir aufgerufen in den Sitzungssaal. Ich war erstaunlich ruhig. Nachdem unsere Personalien verlesen worden waren, ging es um den Zugewinn während unserer Ehe. Tom war sehr großzügig, er ließ durch seinen Anwalt verkünden, dass ich alles mitnehmen dürfte an Möbeln und Hausrat. Sollte ich auf die Möbel verzichten wollen, dann würde er mir den Gegenwert überweisen. Ich entschied mich für das Geld, da ich ja nicht wusste, wie groß meine zukünftige Wohnung sein würde. Meine Kleider, Schmuck und persönliche Dokumente, Bilder würde ich persönlich nach Terminvereinbarung mit Tom abholen. So wurde es im Protokoll dokumentiert. Ich verzichtete auf Unterhalt. Tom würde mir die Hälfte vom Hausverkauf überweisen. Auch Tom hatte sich entschlossen woanders noch einmal neu anzufangen. Das wunderschöne Haus sei für ihn alleine auch zu groß. Nach ca. dreißig Minuten verließen wir das Amtsgericht als Geschiedene.

Seit meinem Auszug bei Justus konnte ich bei Maren übernachten, wofür ich ihr auch sehr dankbar war. Heute köpften wir einen guten Champagner und stießen auf unsere Zukunft an. Egal, was sie bringt. Maren versuchte mich immer noch zu überreden, doch hier in Stadthagen neu anzufangen. Ich wusste aber, das meine Entscheidung richtig war, nach Scharbeutz zu ziehen. Meine Garderobe hatte ich schon vor 14 Tagen mit Maren zusammen bei Tom abgeholt Alleine hätte ich mich nicht getraut, mich in Toms Nähe zu begeben.

Tom schaute teilnahmslos zu, wie ich alles in Koffer und Kisten steckte und schon vorsortierte, welche Kleidungsstücke die Caritas bekommen sollte. Ich nahm nur Bilder aus Kindertagen von mir mit. Alle anderen Fotoalben ließ ich im Schrank. Beim Abschied gab Tom mir die Hand, schaute mir in die Augen und entschuldigte sich für alles, was er mir angetan hatte. Er sei auf Anraten von seinen Rechtsanwalt nun in einer Selbsthilfegruppe „Gewalt gegen Frauen“. Seit drei Wochen würde er auch keinen Tropfen Alkohol mehr trinken. „ Michaela, ich weiß, was ich dir angetan habe, aber glaube mir, ich bin nun ein anderer Mensch geworden. Bitte gib uns noch eine zweite Chance. Ich habe mich geändert. Bitte zieh deine Anzeige gegen mich zurück!"

Maren, die direkt neben uns stand, fand als erste ihre Sprache wieder. „Daher weht der Wind! Michaela, Tom möchte doch nur, dass du die Anzeige zurücknimmst. Deshalb benimmt er sich so. Tom, du machst alles aus Berechnung, nicht, weil du etwas bereust. Komm, Michaela wir sind hier fertig."

„Leb wohl, Tom", sagte ich mit kräftiger Stimme.

Meinen Schmuck, den ich mitgenommen hatte, bot ich einem Goldankäufer an. Ich staunte nicht schlecht, als er mir dafür 34.000 Euro gab. Auf meinem Konto vermehrte sich das Geld. Maren hatte mich nie gefragt, ob das stimmt, das ich das Geld aus Tom Tresor genommen hatte. Das würde ich auch noch klären müssen.

Carola rief mich an und schickte mir Fotos von einer Zweizimmerwohnung in der Nähe vom Café. „Du musst dich aber schnell entscheiden, Michaela. Die Vermieterin hat viele Anfragen bekommen."

„Oh, Carola, ja, ich nehme die Wohnung, sie ist doch total schön! Ich danke dir von ganzem Herzen! Ich bin so aufgeregt."

„Ok, Michaela, den Mietvertrag schickt dir die Vermieterin zu! Kann ich sonst noch etwas für dich tun?"

„Nein, beste Freundin. Ich freue mich auf dich! Bis bald!“

Nun war ich froh, das ich aus unserem Haus keine Möbel mitgenommen hatte. Ich würde mir alles neu kaufen, wenn ich vor Ort war.

10
Im Namen des Volkes

Heute war Toms Gerichtsverhandlung wegen schwerer Körperverletzung. Viele Menschen saßen der Verhandlung bei. Selbst die örtliche Presse war vor dem Gericht und interviewte Menschen vor Ort. Ich huschte mit Herrn Lenz an den Reportern vorbei. Vor dem Sitzungsaal saßen Frauen, die ich nicht kannte und von denen ich nur vermuten konnte, dass es sich hierbei um die Prostituierten handelte. Wir wurden alle nacheinander aufgerufen, um unsere Aussagen vor Gericht zu wiederholen. Als ich aufgerufen wurde, drückte Herr Lenz meine Hand und sprach mir Mut zu. Ich lächelte ihn dankbar an.

Ich betrat den Saal und sah, dass Tom zu Boden schaute. Er sah mich nicht an, auch als ich meine Aussage machte und dem Gericht ausführlich über die Misshandlungen berichten musste, zeigte Tom keine Regung. Nur einmal war mir so, als wenn er sich eine Träne aus dem Gesicht wischte. Nach meiner Aussage durfte ich bei den Zuschauern Platz nehmen. Tom wurde schwer belastet durch die Aussagen von Nadine, Flora, Frau Hille und Herrn Lenz. Ich war erschrocken, wie brutal Tom Flora zugerichtet hatte. Die Ärzte von Flora erzählten von den vielen Verletzungen die sie erlitten hatte. Auch wenn die Bilder nicht öffentlich gezeigt wurden, reichte die Vorstellung bei jedem Anwesenden im Saal. Toms Anwalt warf ein, dass Tom sich in einem Ausnahmezustand befunden hätte, durch mein Verschwinden und den psychischen Druck sei es bedauerlicherweise zu einem Kontrollverlust Tom gekommen. Ein Raunen ging durch den Saal. Eine Frau rief laut: „Sperrt den Kerl weg! Der wird immer wieder zuschlagen."

Der Richter bat um Ruhe, sonst würde er die Öffentlichkeit ausschließen.

Als das Urteil verkündet wurde, war es sehr still im Saal, man hätte eine Stecknadel fallen hören können.

„Im Namen des Volkes ergeht folgendes Urteil. Tom Kniep wird wegen schwerer Körperverletzung zu einem Jahr Freiheitsstrafe, die zur Bewährung ausgesetzt wird, verurteilt. Ferner muss Herr Kniep dem Gericht die erfolgreiche Teilnahme nachweisen, dass er die Einzeltherapie Gewalt gegen Frauen erfolgreich abgeschlossen hat. Herr Kniep darf sich aufgrund der Drohungen, die er Gegenüber seiner Frau Michaela Sandra Kniep getätigt hat, nicht näher als 500 Meter nähern. Bei einem Verstoß wird die Bewährungsstrafe zur Haftstrafe vollstreckt. Des weiteren muss Herr Kniep an die Damen Nadine 3000,00 Euro Schmerzensgeld zahlen, Flora 12.000 Euro, und Frau Kniep, weil sie keinen ärztlichen Attest vorweisen konnte, aber die Aussage von Herrn Lenz mit in die Bewertung floss, bekommt 2000 Euro zugesprochen. Herr Kniep, nehmen Sie dieses Urteil an?“

Tom sprach klar und deutlich: „Ja, ich nehme das Urteil an!“ Nach der Urteilsverkündung wirkte er sichtlich erleichtert.

Maren wartete auf mich vor dem Amtsgericht. Wortlos nahm sie mich in den Arm. „Wie fühlst Du dich?“

„Ehrlich? Eine Mischung aus befreit und traurig.“

„Hey, Michaela, lass den Kopf nicht hängen, das Leben geht weiter! Du wirst sehen, bald wird die Sonne wieder für dich scheinen. Na komm schon.“ Maren hakte sich bei mir unter und wir gingen zusammen zum Griechen Mittag essen.

„Wann fährst du nach Scharbeutz?“

„Gleich morgen früh breche ich auf. Maren, hast du Justus irgendwo beim Gericht gesehen?“

„Nein, tut mir leid.“

11
Willkommen in Scharbeutz

Ich lieh mir einen VW-Kombi bei Sixt, um nach Scharbeutz zu fahren. Viel hatte ich auch nicht dabei, aber immerhin eine komplette Ausstattung an Garderobe, Büchern, Fotoalben und wenig Schmuck. Während der Autofahrt wurde ich leicht sentimental und überlegte kurz, ob ich Herrn Asmus einen Besuch abstatten sollte, entschied mich dann aber doch dagegen. Ich beschloss in Gedanken, alles hinter mir zu lassen. Herrn Asmus würde ich immer in guter Erinnerung behalten, aber mehr auch nicht.

Genau in diesem Moment spielten sie im Radio, wie damals auf der Hinfahrt von The Weeknd „Save your Tears“. Nein, ich will keine Tränen mehr vergießen beschloss ich innerlich. Ich würde mir ein neues Lieblingslied aussuchen. Ich musste über mich selbst lachen und fand, das war keine schlechte Idee.

Endlich kam ich in Scharbeutz an. Die Fahrt kam mir dieses Mal sehr lange vor. Carola und ihre Tochter Eva umarmten mich gefühlte Stunden. Carola hatte für uns gekocht und während wir aßen, erzählte ich Carola Bruchstücke aus meinem Leben. Denn für Evas Ohren war einiges nicht bestimmt. Carola und ich hatten aber noch viele

Abende vor uns, um ausführlich zu quatschen.

Nach dem Essen fuhr ich in meine Wohnung. Meine Wohnung, wie das klang. Frau Jansen, die Vermieterin, hatte mir, nachdem ich den Mietvertrag unterschrieben hatte, den Schlüssel zugeschickt. Ach wie lieb, mitten im Wohnzimmer stand auf dem Fußboden ein Blumenstrauß und daneben eine Karte, auf der stand „Willkommen in Scharbeutz!“ Ich schaute aus dem Wohnzimmerfenster und konnte die Ostsee sehen, weil meine Wohnung im zweiten Stock lag. Mit Balkon.

In der nächsten Zeit war ich ausschließlich damit beschäftigt, meine Wohnung einzurichten. Ich übernahm dabei viele Anregungen von Carolas Ferienwohnung. Ich kaufte mir ein blauweiß gestreiftes Sofa, einen Ohrensessel in einem schlichten mittelblau, dazu weiß lackierte Holzmöbel. Eine weiße kleine Küche übernahm ich von der Vormieterin. Mein Schlafzimmer strich ich selber in einem zarten Altrosa. Genauso ein Altrosa wie in Justus‘ Schlafzimmer. Mein Bett war weiß wie der Kleiderschrank. Nach und nach wurde meine Wohnung urgemütlich. Da das Café von Carola saisonbedingt noch nicht geöffnet war, konnte ich in aller Ruhe mein neues Leben hier beginnen. Ich eröffnete mir ein neues Girokonto hier in Scharbeutz. Tom hatte unser Haus sehr schnell verkaufen können. Er hatte einen sehr guten Preis erzielen können und hatte mir die Hälfte des Verkaufspreises überwiesen. Immerhin waren das 464.500 Euro. Für die Möbel bekam ich noch einmal eine Gutschrift über 35.000 Euro. Ich bat Maren, die 500.000 Euro von „Tom“ an ein Forschungslabor in Amsterdam zu spenden. Dort stand man kurz vor dem Durchbruch, eine Behandlung gegen die Ebsteinanomalie zu beantragen. Maren sagte kein Wort dazu, dachte sich aber sicher ihren Teil.

Danach wurden meine Konten in Stadthagen aufgelöst und der Rest auf mein neues Girokonto überwiesen. Ich war nun schon seit acht Wochen in Scharbeutz.

Die Frühjahrssaison hatte begonnen und ich arbeitete wieder bei Carola. Die Arbeit machte mir einfach Spaß. Es war kurz vor meinem Feierabend, als ein Hund bellend und schwanzwedelnd auf mich zukam. „Ja, Brutus wo kommst du denn her?“

Ich streichelte Brutus gerade, als Justus um die Ecke kam.“

„Hallo Michaela, hast du ein wenig Zeit für mich? Können wir reden?“

Ich schluckte und sagte ihm, dass ich gleich Feierabend hätte. Wenn er möge, können wir anschließend gerne am Strand spazieren gehen.

Justus wartete, bis ich das Café schloss, und wir

gingen zusammen zum Strand runter.

„Wo soll ich anfangen, liebe Michaela? Ich habe lange darüber nachgedacht, was ich dir vorgeworfen habe. Ich bin ja der Schuldige. Du hattest Recht, ich hatte den Raubüberfall fingiert für Söhren, um die Behandlung davon zu bezahlen. Ich habe das Geld in den Abfallbehälter gelegt, um es später abzuholen, und dann war es weg. Wie ich ja heute weiß, hast du das Geld an dich genommen. Eigentlich müsste ich dir dankbar sein, denn dadurch ist die Polizei ja nie auf meine Spur gekommen, weil ich kein Geld hatte. Somit konnte ich auch nichts ausgegeben. Michaela, bitte verzeih mir, was ich alles zu dir gesagt habe. Es geschah aus Trauer und Verzweiflung. Wenn du möchtest, zeige ich mich auch selbst an."

„Nein, Justus, damit ist keinem von uns geholfen. Ich habe das Geld auch gar nicht mehr. Das heißt, die Polizei würde bei dir kein Geld finden und mich nicht verdächtigen. Ich habe das Geld an ein Forschungslabor in Amsterdam gespendet. Die haben eine neue Behandlungsmethode gegen die Ebsteinanomalie beantragt."

„Das hast du getan? Du hast das Geld nicht für dich gebraucht?"

„Nein", antwortete ich. „Es war für mich nur für den Notfall gedacht. Da ich aber durch den Autoverkauf damals und meinen Job hier bei Carola genug Geld hatte, musste ich auf das Geld nicht zurückgreifen. Maren hatte ich damals glaubhaft machen können, dass ich Tom das Geld aus dem Tresor entnommen hätte. Niemand wäre auf die Idee gekommen, dass das Geld ausgerechnet bei der Bank eingezahlt wird, wo es auch hin sollte. Halt nur auf ein anderes Konto. Dennoch haben wir uns beide strafbar gemacht. Wie heißt es so schön: Wo kein Kläger, dort kein Richter."

„Michaela mir tut das alles sehr, sehr leid. Ich habe dich unheimlich vermisst. Ich liebe dich! Mir wurde in den letzten Monaten klar, dass du zu meinem Leben gehörst, wenn du mich noch möchtest? Wir können doch beide hier in Scharbeutz leben. Mir ist nur wichtig, dass du bei mir bist."

„Wir, meinst du?", sagte ich.

„Ja, natürlich, Brutus auch."

„Nein, ich spreche nicht von Brutus, das wäre auch kein passender Name für ein Kind."

„Willst du mir damit sagen, du erwartest ein Kind von mir?"

„Ja, das habe ich gerade gesagt."

„Ich werde Vater?" Laut schrie Justus am Strand. „JUHU, ich werde Vater." Plötzlich ging Justus vor mir auf die Knie in den Sand. „Michaela, willst du meine Frau werden?"

„Ja, ich will!", antwortete ich.

ÜBER DIE AUTORIN

Meine Name ist Pia Herzog, ich bin 61 Jahre alt und in Altersteilzeit. Ich wohne seit meinem 17. Lebensjahr im Landkreis Schaumburg.

Dieses Buch ist eine freie Erfindung von mir, Eine Namensgleichheit mit lebenden Personen ist von mir nicht beabsichtigt und wäre absolut zufällig. Ich erkläre, dass ich keine Verletzungen der Rechte von Dritten beabsichtige.